かんたん！かわいい！ 0 1 2 歳児の

布おもちゃ＆布えほん

いしかわ☆まりこ

チャイルド本社

かんたん！かわいい！
0 1 2 歳児の
布おもちゃ＆
布えほん

Let's make it!

04　はじめに

05　**part.1** 遊びましょう
　　かんたん！ かわいい！
　　布おもちゃ＆布えほん

06　見て楽しい 布おもちゃシアター
　　お花のてぶくろ　6
　　へんしん　いもむしくん　7
　　にわとりママ＆ぴよちゃん　8
　　いない いない ばあ　9

10　さわって楽しい布おもちゃ
　　コロコロゾウさん＆きょうりゅう　10
　　ゆらゆらタコさん　11
　　なかよしガラガラ　11

12　タオルでかんたん布おもちゃ
　　くるくるカタツムリ　12
　　ふわふわロケットのにぎにぎ　13
　　カシャカシャおさかな　13
　　かわいいへんしん動物　14
　　タオルのパペット　15
　　あかずきんちゃん・オオカミ・花ウサギ・まだらウサギ
　　ドーナツ,ロールケーキ＆パン　16
　　ガーゼハンカチアニマルズ　17
　　コーンアイス　17

contents

18 重ねるつなげる布おもちゃ
タオルブロック 18
つなげるわっか 18
カラフルマトリョーシカ 19
キラキラわっかはめ 19

20 かわいいお友だち人形
きせかえガール 20
きせかえクマちゃん 21

**22 気分はおかあさん！
おせわおもちゃ**
おむつのゾウくん 22
おかあさんなりきりセット 23
エプロン・おさいふ・おかね・
ショルダーバッグ・ミニバッグ

**24 本物そっくり！？
たべもの布おもちゃ**
おいしいおすし 24
おにぎりパクパク 25
ちいさなやさいたち 26
パクパクちゃん 27

28 楽しい布えほん
ぽっけえほん 28
のりものえほん 30
おきがええほん 32
なんのかお？えほん 34
かくれんぼえほん 36
ファスナーえほん 38

**39 part.2 作りましょう
かんたん！かわいい！
布おもちゃ＆布えほん**
布おもちゃ・布えほんを
手作りしましょう 40
布えほん おすすめの作り方 41
布おもちゃ・布えほんの
じょうずなお手入れ＆
保管のしかた 42
布おもちゃ・布えほんの
作り方 44〜61
布おもちゃ・布えほんの
型紙 62〜71

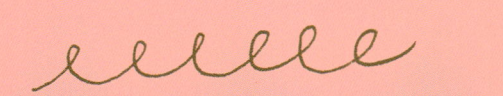

布の持つやさしさで、
子どももおとなも幸せになってほしい

　布の手触りのやさしさ、気持ちよさや安心感…何だか幸せな気分になりますよね。0・1・2歳の子どもたちにぴったりの布おもちゃ＆布えほんをたっぷりご紹介します。

　ぶきっちょさんでも大丈夫！　この本をパラパラめくってもらえるとおわかりのように、すごくかんたんなものばかりです。愛情いっぱいの世界にひとつしかない手作り布おもちゃや布えほん。「ぜひとも作らねば！」と構えずに、ゆるゆると楽しんで作ってもらえるように願いをこめて製作しました。

　この本の布おもちゃ＆布えほんには、子どもが好きなしかけをたくさん用意してあります。手触りで感じるやわらかさ、指先を使ったあそび、目で見るいろいろな形やカラフルな色。また耳で聞くお話やうた、鈴やなき笛の音…などなど。まだまっさらでやわらかな子どもたちの好奇心を刺激して、豊かな想像力を育んでくれるはずです。

　この本が、ふれあいいっぱい、にっこり笑顔がいっぱいの毎日のお手伝いができますように。

いしかわ☆まりこ

布おもちゃ＆布えほんを作る前に用意するもの

基本のお裁縫道具を用意しましょう。本書で紹介する布おもちゃ＆布えほんは、針と糸を使って、玉結びと玉どめができればかんたんに作ることができるものばかりです。

ぬい針
布をぬい合わせるために使います。

まち針
布がずれないようにとめたり、位置の目印などに使います。

糸
布の色と同色のものが使いやすいでしょう。

ししゅう糸
目や口をステッチするのに便利です。

針山
ぬい針やまち針をさしておくのに便利です。

はさみ、糸切りばさみ
布用のはさみが使いやすいです。

ピンキングばさみ
切り口がギザギザになるはさみです。布のはしの始末を省略できるので、便利です。

part.1

遊びましょう
**かんたん！
かわいい！
布おもちゃ
&布えほん**

見て楽しい 布おもちゃシアター

2歳〜
作り方 **44**ページ

指にお花をさかせましょう
お花のてぶくろ

さいた さいた ♪

チューリップの ♪
花が
あか
しろ
きいろ

遊び方
指と手のひらにつけたボタンに、フェルトのお花やミツバチをつけたりはずしたりして遊びます。うたに合わせて演じてみたり、お話を作ったりして楽しみましょう。

1歳〜
作り方 44ページ

大きくなったら何になる？
へんしん いもむしくん

ぼく、いもむしくん

あっ、きれいなお花をみつけたよ

トコトコ

遊び方
カラーてぶくろで作ったいもむしを中指にはめて、人さし指と薬指でフェルトの羽を下からおさえます。そのまま上下させると、羽ばたいているみたい。

わあ！チョウチョウになっちゃった！

見て楽しい 布おもちゃシアター

1歳〜
作り方 45ページ

ほら、生まれるよ！
にわとりママ＆ぴよちゃん

コッコッコ…

ぴよ♪

遊び方
にわとりママは、両側に目をつけるので、左右どちらにも向くことができます。たまごの中にひよこを入れて、にわとりママに抱かせます。お話をしながら、空いているほうの手でたまごを出して、ギザギザの切れ目からひよこを取り出して見せてあげましょう。

にわとりママが
たまごをあたためています

あっ！
うまれた！

そろそろうまれるよ
たまごにひびがはいってきたね

ママといっしょに
おさんぽ おさんぽ♪

0歳〜
作り方 45ページ

みんな大好き！ みんなでやろう！
いない いない ばあ

にこ
にこ

いない
いない

ばあ〜！

ほら、
おめめを
かくして…

遊び方
カラーてぶくろの手のひらにフェルトで作った顔をつけて、閉じたり開いたり…。指で顔の一部をかくしたりして、いろいろな顔を作ってあげましょう。

さわって楽しい
布おもちゃ

1歳〜
作り方 46ページ

転がして遊ぼう！
コロコロゾウさん＆きょうりゅう

ピッピッて音が鳴るよ

きょうりゅうさんを、
コロコロ〜

遊び方
100円ショップで売っている木製マッサージ器に、カラーてぶくろをかぶせて作りました。手触りや、中に入れたなき笛の音を楽しんだり、足（ボール状の部分）で転がしたりして遊びます。

足がまがってユーモラス
ゆらゆらタコさん

遊び方
タコの足部分にモールをつけているので、自由にまげたり伸ばしたりできます。ベッドの枕元につけて、ユラユラゆれるようすを楽しみましょう。

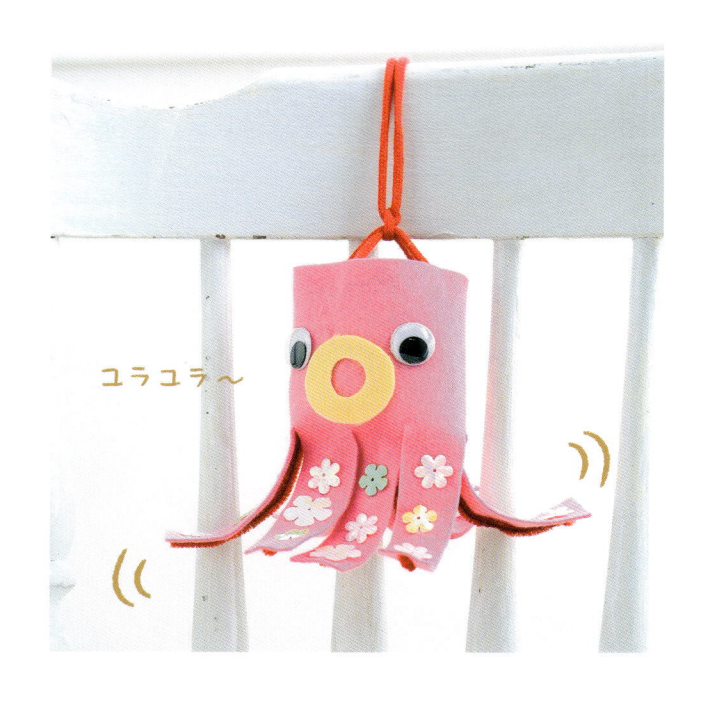

0歳〜
作り方 **46ページ**

ユラユラ〜

ウサちゃん＆クマさんといっしょ
なかよしガラガラ

0歳〜
作り方 **47ページ**

リボンを替えてもかわいい！

遊び方
置いてあるだけでもかわいいですが、中に鈴が入っているので持って振るとシャラシャラと音がします。

タオルでかんたん布おもちゃ

1歳〜
作り方 ➡ 47ページ

あっというまに早がわり！
くるくるカタツムリ

遊び方
先を結んだタオルと、くるくる丸めたタオルを合体させると……。ほら、カタツムリのできあがり。子どもに握らせたり、持ってお散歩させたりして遊びましょう。

2枚のタオルが合体すると…？

どこへ飛んでいくの?
ふわふわロケットのにぎにぎ

0歳〜
作り方 ▶ **48ページ**

ピッピッ

遊び方
ロケットのまん中になき笛が入っています。押すと音が出ますから、ピッピッと鳴らしながらロケットを飛ばしましょう。

おしゃべりするよ
カシャカシャおさかな

おさかなさんなぁに?

カシャカシャ

0歳〜
作り方 ▶ **48ページ**

遊び方
中にレジ袋が入っているので、握るとカシャカシャと音がします。まるでおさかなとお話をしているみたいです。

タオルでかんたん布おもちゃ

0歳〜
作り方 ▶ 49ページ

タオルを折って結ぶだけ
かわいいへんしん動物

遊び方
1枚のおしぼりタオルを折って結んで作る動物たち。そのままでも遊べますが、フェルトやししゅうで顔を作ると、もっとかわいくなります。

タオルであそぼ

お話を作りましょう
タオルのパペット
あかずきんちゃん・オオカミ・花ウサギ・まだらウサギ

0歳〜
作り方 49ページ

あかずきんちゃん どこへいくの？

あら オオカミさん こんにちは

はじめまして

よろしくね ♡

あ、あかずきんちゃんだ〜

遊び方
パペットに手を入れ、あかずきんちゃんのお話をしたり、オリジナルのストーリーに広げたりして遊びましょう。

タオルでかんたん布おもちゃ

2歳〜
作り方 ▶ 50ページ

おいしそう！食べたいね！
ドーナツ、ロールケーキ＆パン

おいしそう どれから食べる？

遊び方
ふわふわおいしそうなパンやドーナツ。「はい、どうぞ」「ありがとう」「もぐもぐ、おいしいね」などといったやりとりを楽しんで。

何が入っているのかな？
サンドイッチ

チーズとハムとレタス入りだね

1歳〜
作り方 ▶ 50ページ

遊び方
「あーん、もぐもぐ」「パクパク」と、食べるまねをしたり、好きな具を選んではさんだりと、いろいろな楽しみ方ができます。

折って遊ぼう！
ガーゼハンカチアニマルズ

0歳〜
作り方 51ページ

コンコン

ワン！

遊び方
折り紙と同じ要領で、ガーゼハンカチを折ると、あっという間にかわいい動物のできあがり。指を入れて、パペットとしても遊べます。

近い色のカラーてぶくろをはめて、パペットに

1歳〜
作り方 50ページ

気分はアイスやさん
コーンアイス

遊び方
アイスを落とさないように、じょうずに持てるかな？ いろいろな色のタオルでたくさん作って、アイスクリーム屋さんごっこをして遊びましょう。

重ねるつなげる布おもちゃ

0歳〜
作り方 ▶ **47**ページ

積んで並べて転がして…
タオルブロック

遊び方
タオルをギューッと丸めるだけ。単純ですが、転がしたり、重ねたり、並べたりしていろいろな遊びが楽しめます。

遊び方
ボタンのつけはずしは指先の運動に最適です。長さも色も自由自在。たくさんつなげて遊びましょう。

ボタンをはめて…
つなげるわっか

2歳〜
作り方 ▶ **52**ページ

くるん くるん

2歳〜
作り方 ▶ **52ページ**

なかよし家族がこんにちは！
カラフルマトリョーシカ

こんにちは！　ふふふ　やあ！　zzz

遊び方
パパ、ママ、おにいちゃん、赤ちゃんの順番に、次々と出てきます。入れたり出したりして遊びましょう。

0歳〜
作り方 ▶ **52ページ**

ペットボトルを再利用して
キラキラわっかはめ

遊び方
ペットボトルの中に入れたスパンコールがキラキラ。タオルで作ったわっかをはめて遊ぶと、さらに楽しいです。水の量は子どもに合わせて調節して。

かわいい お友だち人形

2歳〜
作り方 53ページ

とってもおしゃれな女の子♥
きせかえガール

オレンジで元気ガールよ！

ピンクのハートでラブリーに♥

ちょっぴりスポーティに

すっきりさわやか！

遊び方
カラーてぶくろで作った人形に、いろいろな洋服をきせかえて遊びます。組み合わせても、楽しいですね。

0歳〜
作り方 ▶ **54ページ**

動きがとってもキュート！
きせかえクマちゃん

ぼく、これから
おようふくきるよ

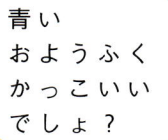

青い
おようふく
かっこいい
でしょ？

水玉の
おようふくに
きがえたよ

いない いない…

ばあ〜

遊び方
うたに合わせて踊らせたり、「いない いない ばあ」をやって見せたりと、楽しい動きで演じましょう。

| 気分はおかあさん！
おせわおもちゃ

2歳〜
作り方 ➡ 54ページ

大きな赤ちゃんだよ♪
おむつのゾウくん

ぼくのおむつを
かえてくれるのは
だあれ？

なかよくおすわり

さぁ、おねんねしましょ ☆

遊び方
タオルで作ったゾウのぬいぐるみにガーゼハンカチのおむつを用意しました。おかあさんごっこなど、何でも自分でしたがる時期の子どもにおすすめです。

22

②歳〜
作り方 55ページ

エプロンつけて、おさいふ持って♪
おかあさんなりきりセット
エプロン・おさいふ・おかね・ショルダーバッグ・ミニバッグ

おでかけには
ショルダーバッグで

おかいものには
きいろいバッグ。
うさちゃんもいっしょにね

遊び方
ハンカチのエプロンに、ミニタオルのおさいふ入りのバッグでお買い物ごっこ。子どもが大好きな、なりきりあそびです。

本物そっくり!?
たべもの布おもちゃ

1歳〜
作り方 ➡ 56ページ

きょうはごちそうだ！
おいしいおすし

なにから たべようかな？

トロかな？
たまごやきかな？

エビも おいしそう〜

遊び方
ミニタオルのごはんの上に、フェルトで作ったネタをのせて。好きなネタを作って、おすしやさんごっこもできます。タオルのごはんは、握っているだけでも気持ちがいいのでおすすめです。

えんそくには、やっぱりこれ！
おにぎりパクパク

1歳〜
作り方 56ページ

おにぎり4つ
なかみは なにかな？

わあ、うめぼしだ！

たらこかな？

ぜんぶみちゃおう！

遊び方
フェルトで作ったのりをはがして、おにぎりの中身を見てみましょう。なれてきたら、はがす前に「中身は何かな？」と問いかけてもいいでしょう。

本物そっくり!? たべもの布おもちゃ

1歳〜
作り方 57ページ

わあ、かわいい！ 食べちゃいたい！
ちいさなやさいたち

好ききらいなく食べようね！

遊び方
カラーてぶくろの指の部分で作るミニ野菜は、ふわふわの手触りが魅力です。23ページのおかあさんごっこや、27ページの「パクパクちゃん」のたべものに使ってもいいですね。

何でも食べるよ
パクパクちゃん

2歳〜
作り方 ▶ 57ページ

ネコちゃん なにたべる？

カエルくん なにがすき？

ウサギさん なにたべる？

こたえだよ

ニンジン

おさかな

むし

遊び方
「ネコちゃんがたべるのは何かな？」「カエルくんは何が好き？」などと、子どもに問いかけて、ゲーム感覚で楽しみましょう。

楽しい布えほん

2歳〜
作り方 ➡ 58ページ

ぽっけ

どのぽっけが好き？
ぽっけえほん

クンクン
いいにおいが
するよ

ぴょこ

おなべのなかに
何がある？
でもあつくて
入れないよ〜

遊び方
カンガルーの赤ちゃんがママのポケットをとびだして冒険をします。「どのポケットがいちばん好き?」とたずねながら、お話を作りましょう。

やっぱり
ママのぽっけが
いちばんだよ

ふかふかで
きもちいい。
でも、なんか
ちがうなあ

あっ、ここも
いいにおい。
ママのにおいだ。
でも…

● 楽しい布えほん

1歳〜
作り方 59ページ

好きなのりものにのろう！
のりものえほん

赤いじどうしゃ、
かっこいいね！

大きなおふねで、
がいこくへいこう！

遊び方

いつの時代も子どもの夢を運ぶ「のりものえほん」。お話を作りながら、人形をのりものにのせる（入れる）動作になれさせましょう。

どの
のりものに
のろうかな？

おふねに
きめた！

ひこうきで、
おそらをひとっとび！

● 楽しい布えほん

①歳〜
作り方 ➡ **59**ページ

おしゃれ大好き！
おきがええほん

おきがえ

わたし、たかこ♡
おしゃれな おんなのこよ

きょうは
どんな
おようふくを
きようかな？

遊び方

人形に好きな洋服をきせてあげましょう。それに合わせてお話を作って、子どもの想像力を広げていきましょう。

きょうは
青いふくで
ハイキングに
いくのよ

おきにいりの
赤い
ワンピースで
おでかけよ

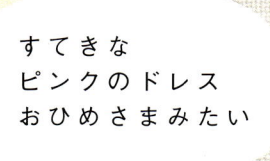

すてきな
ピンクのドレス
おひめさまみたい

33

● 楽しい布えほん

組み合わせて遊ぼう！
なんのかお？えほん

ボタンがついた1枚のフェルトを土台に、いろいろなパーツの組み合わせで、さまざまな動物が生まれます。

ひっくり返すと…

キツネ　　　　　シロクマ 　　　　　ピンクのウサギ

顔と耳をくるりん！　もようをペタ！耳をくるりん！　顔と耳をくるりん！

リス 　　　　　　パンダ 　　　　　　白いウサギ

34

アザラシ

わらうウサギ

ネコ

耳をつけないと…

ボタンを
上だけ出すよ

顔と耳を
くるりん！

ボタンを
下だけ出すよ

ボタンを
出さないと…

半目のアザラシ

おやすみウサギ

ブチネコ その1

もっと
へんしん！

② 歳〜
作り方 ➡ 60ページ

遊び方
顔の形や色、顔のパーツの組み合わせで、たくさんの動物が作れます。自由に、いろいろな動物の顔を作ってみましょう。

ブチネコ その2

● 楽しい布えほん

1歳〜
作り方 61ページ

かくれんぼ

だれかがかくれてる?
かくれんぼえほん

いない
いない

ばあ

ばあ

ことりさん、
こんにちは！

ウサギちゃん、
みつけた！

だれもいないよ～

遊び方
ドアや葉っぱをめくって、動物を見つけましょう。子どもたちが大好きな「いない いない ばあ」あそびが楽しめます。どこに何がかくれているか、お話を作ってもいいですね。

やぁ

リスくんもいた！

クマだよ。みつかっちゃった

ぜんいんしゅうごう！

楽しい布えほん

ファスナー開けたら…?
ファスナーえほん

2歳～
作り方 60ページ

ファスナーを開けたら…

遊び方
まずは、ファスナーの開け閉めを楽しみましょう。小物入れには何を入れるか、ファスナーを開けたら何が出てくるのかを考えます。口のファスナーを開けて、たべものを食べさせたり、歯をみがいたりしても遊べます。

ボールがとびだしたよ！

おにぎりを食べよう！

食べおわったら、歯をみがこう

モグモグ

part.2

作りましょう
かんたん！
かわいい！
布おもちゃ
＆布えほん

▶ 材料と基本のぬい方

▶ 布えほん
　おすすめの作り方

▶ じょうずなお手入れ
　＆保管のしかた

▶ 作り方

▶ 型紙

Let's make it!
布おもちゃ・布えほんを手作りしましょう

布を使ったおもちゃはふかふか&やわらかで、0・1・2歳児は大好きです。材料は家の中にあるものや、100円ショップなどで売っているものばかり。さあ、かんたん手作りにチャレンジしてみましょう！

アドバイス＝いしかわ☆まりこ

基本の材料

パイルの長いタオル地は要チェック！
0・1・2歳児の指はちっちゃいので、タオルのパイルをひっかけてしまうことも。爪の間に入ったりすることもあるので注意して。

7 **木製マッサージ器**…100円ショップにあります。8 **くつした（女性用）**…ペットボトルにかぶせて使います。9 **カラーてぶくろ**…てぶくろシアターやパペット（指人形）、指部分だけ使ってなど、用途はいろいろ。10 **リボン、フリルリボン**…かわいい飾りに使います。11 **面ファスナー**…布と布を接着させます。つけたりはずしたりしやすく、はがすときのビリビリという音も子どもは大好き。12 **ファスナー**…持つところが輪になっているものがおすすめ。本書では、布えほんに使います。13 **ボタン各種**…大きめのものを使いましょう。取れて誤飲することがないよう、しっかりぬいとめましょう。14 **鈴**…子どもは音が出るおもちゃは大好き。15 **動眼**…プラスチック製の目です。おもちゃに表情が出ます。ぬいつけられないので、しっかりはります。16 **輪ゴム（カラーゴム）・ヘアゴム**…タオルを結んでしばるだけですが、大活躍します。ヘアゴムは輪ゴムより切れにくく、じょうぶで長持ちします。17 **なき笛**…押すとピッピッと音がします。わたといっしょに中に入れて使います。丸い形もあります。

1 **おしぼりタオル（正方形）**…34cm×34cm程度の正方形のタオル（長方形のタオルを使うとき、36m×33cm程度のものならOK）2 **おしぼりタオル（長方形）**…40cm×28cm程度の長方形のタオル。3 **ミニタオル**…23cm×23cm程度の正方形のタオル。4 **フェルト**…布おもちゃの万能選手。20cm×20cmのサイズが基本です。アイロン接着タイプや洗えるフェルトもあります。丸洗いしたい場合は洗えるフェルトを使用しましょう。カラフルで、切りっぱなしでOKなので、布おもちゃや布えほんにはぴったり。5 **ハンカチ**…おかあさんごっこのエプロンに使います。6 **ガーゼハンカチ**…薄くて柔らかいので重宝します。

※すべて100円ショップや、手芸店、文具店などで入手できます。ただし、店舗によって品揃えが違ったり、商品の入れ替えなどで入手できなかったりする場合もあります。

0・1・2歳児が扱いやすいボタンの大きさは、15～25mmのもの。指先を使う練習にもぴったりです。

基本のぬい方

本書に出てくるぬい方です。布と同色のぬい糸を使うのが基本ですが、アクセントをつけるために、違う色でぬっても楽しいでしょう。ステッチの間隔は、作品の大きさに合わせて変えてOKです。

木工用接着剤は、パーツをぬう前に仮どめするのに便利です。乾くと固くなってぬいにくくなるので、ほんの少しを軽くつけましょう。

並ぬい
基本のぬい方。2枚の布を表裏同じ針目（3～5mm）でぬっていきます。

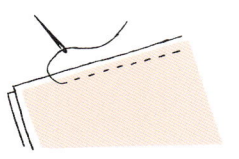

かがりぬい
布のはしがほつれないように、巻くようにぬう方法で、タオルを材料にするとき、また、布えほんをつなぎ合わせるときによく使います。

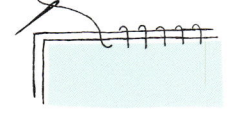

まつりぬい（たてまつり）
表にぬい目をあまり出さないようにぬっていく方法で、アップリケなどをぬうときによく使います。

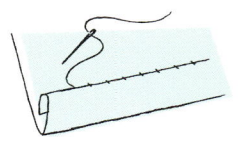

ブランケットステッチ
フェルトを2枚合わせるときの一般的なぬい方です。

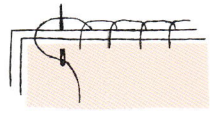

布えほん おすすめの作り方

● 作るポイント

フェルトの形（20cm×20cm）と豊富な色をいかして、表裏の色を変えてカラフルに楽しく見えるような工夫をしましょう。

「いない いない ばあ」「かくれんぼ」「のりもの」など、子どもたちに人気のあそびを布えほんに取り入れて

遊んでいるうちに、自然に指先を動かしたり、おとながお話をしたりすることで想像力が身についたりします。ごっこあそびにも発展していきます。

● とじ方のポイント

本書で作る布えほんの特長は、一度に広げて遊べること。2枚、3枚、4枚とつなげていけば、どんどんあそびを広げられます。

とじ方のコツ

フェルトは辺の上・中・下の3点をつなぐようにぬいます。たたんで収納するためには、隣同士が重ならないようにとじるのがポイントです。

● たたみ方

場面の数（2枚、3枚、4枚…）で、たたみ方を変えます。

2枚

3枚

4枚

● 型紙のとり方

1. 型紙をコピーしたら、ざっくりとまわりを切りぬく。
2. 1をフェルトにあて、セロハンテープではる。
3. 型紙の輪郭線に沿って、フェルトと紙をいっしょに切る。

フェルト　型紙

お人形の目や鼻は、黒や茶色の糸でししゅうするか、フェルトをぬいつけて

小さな目は、面倒でもひと手間かけてぬいつけ、安全＆安心なおもちゃに仕上げましょう。

※2回目以降は、❸の型紙をフェルトの上においてペンでなぞってもいいし、セロハンテープで直接フェルトにはって、そのまま切ってもいいです。（これを繰り返すと、型紙の縁がじょうぶになっていきます）

小さなボタンやビーズは要注意！

0・1・2歳児はどんなものでも口に入れてしまいます。お友だちやきょうだいの口や鼻の穴にいれてしまうことも。ボタンを使う場合は、直径15mm以上のものを使い、はずれないよう、しっかりとぬいつけましょう。

布おもちゃ・布えほんの
じょうずなお手入れ＆保管のしかた

つい汚れがちな布おもちゃ・布えほん。一度作ったら、きちんとお手入れして
長く使いたいですね。少しだけ注意してケアをすれば、
きれいに保つことができます。

監修＝藤原千秋（住宅アドバイザー）

● 基本は丸洗いでOK！

手作りの布おもちゃ・布えほんは、丸洗いできるのが大きな魅力です。
種類や大きさにあわせて、ざぶざぶ丸洗いしてしまいましょう。
洗剤は、市販の中性洗剤でOK。ただし、すすぎはしっかりしましょう。

洗濯機なら
ネットに入れて

小さなもの、型くずれが
心配なものは手洗い

"しっかりすすぎ"が
基本です

手洗いの場合は
タオルドライをして
天日干し

作る前に水洗いして

タオルやフェルトなどは、最初に水通しをしておくと、縮み防止にもなります。

乾燥機で乾かすのも◎

基本は天日干しですが、梅雨時、冬などは乾燥機があればラクチン。熱で除菌もできます。

● アレルギーが気になる場合は…

肌がデリケートな子どもには、天然の洗剤を使えばもっと安心ですね。
ここで紹介したもので洗えば、すすぎも1回ですむので経済的＆エコ生活にも◎。

重曹
正式には炭酸水素ナトリウム。弱アルカリ性物質で、油（酸性）を中和させて汚れを落とします。ただし、自然素材（木や畳など）に使うと変色するので注意して。

クエン酸
レモンなどに含まれる有機酸の一種で、無害の食品添加物です。重曹やセスキ炭酸ソーダで洗った後、仕上げ剤として使えば、ふかふか感がずっとキープ。

セスキ炭酸ソーダ
重曹を上回るアルカリパワー。油汚れやタンパク汚れに強く、消臭効果も◎。洗濯の場合、水30ℓに大さじ2杯が目安。掃除の場合は、水500㎖に小さじ1杯で。

しつこい汚れには重曹＋クエン酸または重曹＋セスキ炭酸ソーダ

それぞれを溶かして混ぜてダブルで使えば、嘔吐（おうと）物など汚れのきついものには効果大です。

※大さじ1杯は約15g、小さじ1杯は約5gが目安です。

● ふだんのお手入れはこまめに

手作りの布おもちゃ・布えほんを清潔に保つためには、こまめに洗うのが一番です。できれば週に1度が理想ですが、最低でも月に1度はお洗濯をしましょう。

週に1度は洗って

使った後は、ほこりを払ってしまう

布おもちゃの消臭＆抗菌には、クエン酸スプレー液が大活躍！

水100mlに小さじ1杯のクエン酸を溶かして、100円ショップで売っているスプレー容器に入れておきます。エッセンシャルオイル（ティーツリー、ハッカ油など）を数滴たらせば、抗菌＆芳香効果バッチリ。市販の消臭剤のかわりにカーテンやソファー、クッションなどにも大活躍です。

● 保管は通気性＆乾燥がポイント

布おもちゃ・布えほんの保管のポイントは、密閉させない・ほこりをつけない・湿気を寄せつけないの3つです。できるだけ空気に触れさせて、乾燥している状態が保てるよう収納しましょう。

おすすめはつるし収納

100円ショップなどで売っているメッシュの袋に入れてつるす収納がベスト。通気性もよく、かわいく飾ればインテリアにも。

カゴに入れるなら木製のものに。

湿気とほこりに注意しましょう。

プラスチックケースは、ほこりやゴミを寄せつけやすい

ふたをしていても、意外に中は汚れるものです。消毒用エタノールでふいて、こまめに除菌して。

布えほんは本棚に入れないで

本につくほこりを吸ってしまいます。また立てておくと型くずれしますから、重ねて平らなところに置きましょう。

丸洗いしたくない布えほんは？

下にタオルを当て、濃い目の重曹水などで、汚れた箇所をたたいて落とします。その後、クエン酸水で同様にたたいてリンスをし、水を含ませたタオルですすぎます。

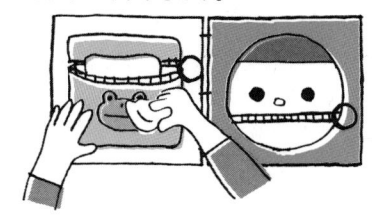

※ここで紹介している洗剤や消毒液は、薬局、ドラッグストアなどで入手できます。

お花のてぶくろ

作品 ▶ **6**ページ
型紙 ▶ **62**ページ

材料 カラーてぶくろ（緑）、ボタン（直径1.5～2cm）6個、
●**お花** フェルト（赤、ピンク、黄、白、オレンジ、朱）各5cm×5cm
●**ミツバチ** フェルト（クリーム、水色）各5cm×5cm、（黄）5cm×10cm、（黒）4cm×4cm

1 カラーてぶくろの指先と手のひらにボタンをぬいつける。

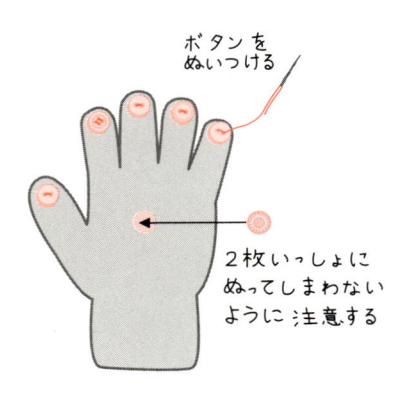

ボタンをぬいつける
2枚いっしょにぬってしまわないように注意する

2 お花の型紙通りにフェルトを切り花びらの中心に切り込みを入れる。

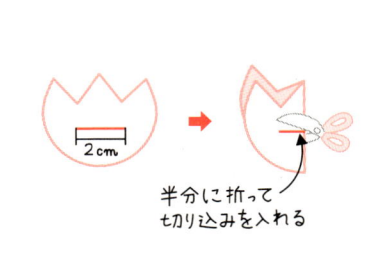

2cm
半分に折って切り込みを入れる

3 ミツバチの型紙通りにフェルトを切り、各パーツをぬい合わせる。

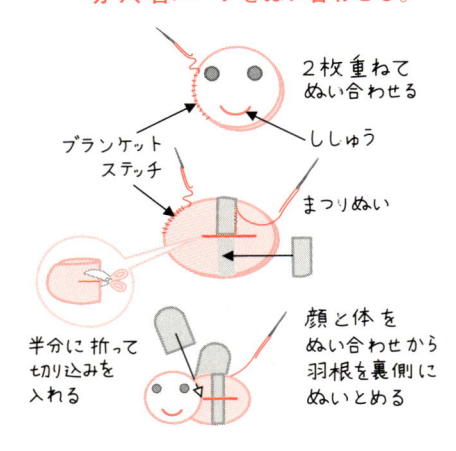

2枚重ねてぬい合わせる
ブランケットステッチ
ししゅう
まつりぬい
半分に折って切り込みを入れる
顔と体をぬい合わせから羽根を裏側にぬいとめる

へんしん いもむしくん

作品 ▶ **7**ページ
型紙 ▶ **62**ページ

材料 ●**いもむし** カラーてぶくろ（オレンジ）の指部分／ボタン（水色・直径1.5cm）／フェルト（茶）少し
●**チョウチョウ** フェルト（ピンク）16cm×12cm、（濃いピンク）5cm×5cm、（黄）6cm×3cm

1 カラーてぶくろの指の部分を切る（切り口に木工用接着剤をつけておくと、ほつれにくい）。

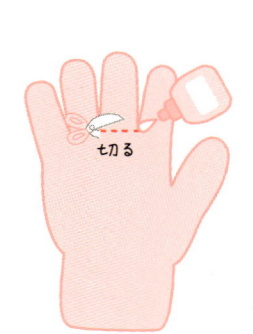

切る

2 ボタンとフェルトの目をぬいつける。

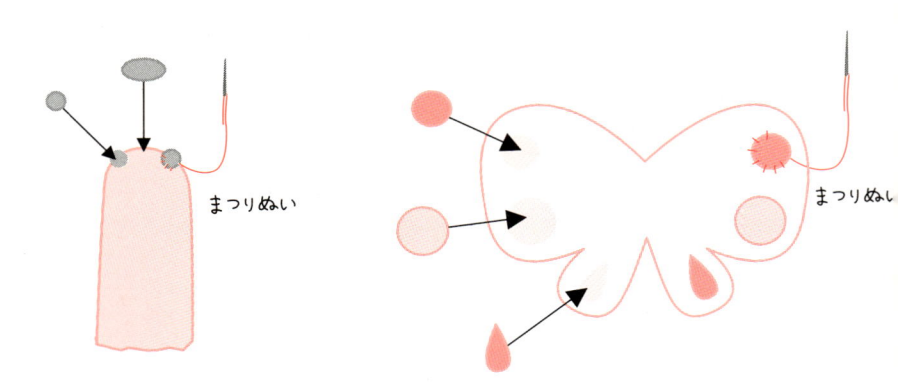

まつりぬい

3 チョウチョウの型紙通りにフェルトを切り、羽根の模様をぬいつける。

まつりぬい

※3cm×3cm以下のものは、「少し」という表現をしています。※1個、1枚のものは数量表記をしていません。（2個、2枚以上は表記）

にわとりママ＆ぴよちゃん

作品 ➡ **8**ページ
型紙 ➡ **62**ページ

材料 ● にわとり カラーてぶくろ（白）、フェルト（赤、黒、黄）少しずつ
● たまご・ひよこ フェルト（白）16cm×8cm、（黄）10cm×5cm、（オレンジ）少し

1 型紙通りにフェルトを切り、カラーてぶくろに目とくちばしをぬいつける。

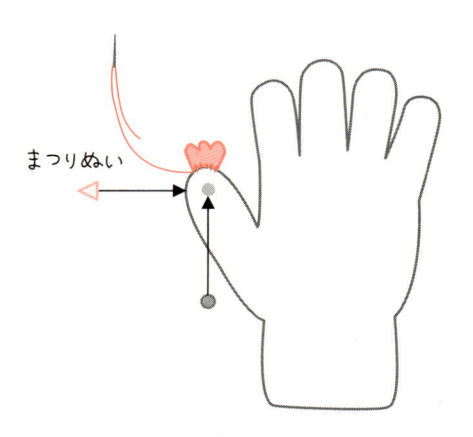

まつりぬい

2 型紙通りにフェルトを切り、たまごとひよこを作る。

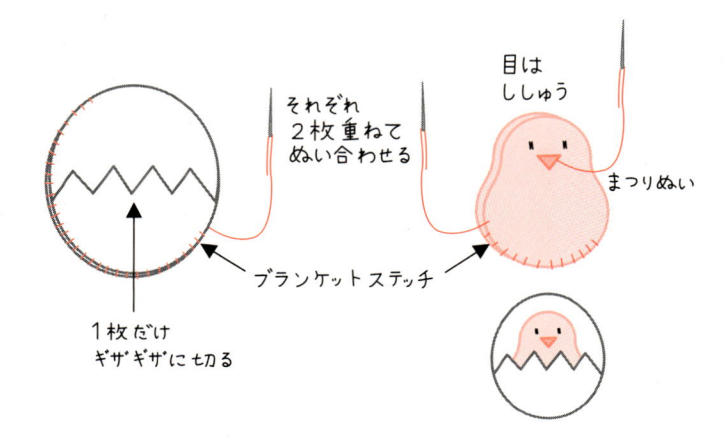

それぞれ2枚重ねてぬい合わせる

1枚だけギザギザに切る

ブランケットステッチ

目はししゅう

まつりぬい

いない いない ばあ

作品 ➡ **9**ページ
型紙 ➡ **62**ページ

材料 カラーてぶくろ（赤）、フェルト（クリーム）8cm×8cm、（青）6cm×2cm、（ピンク）5cm×3cm

1 顔の型紙通りにフェルトを切り、各パーツをぬい合わせる。

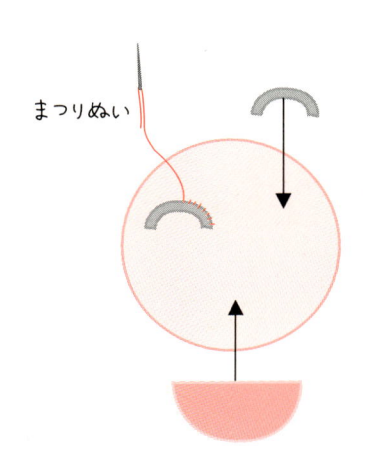

まつりぬい

2 カラーてぶくろの手のひらに①をぬいつける。

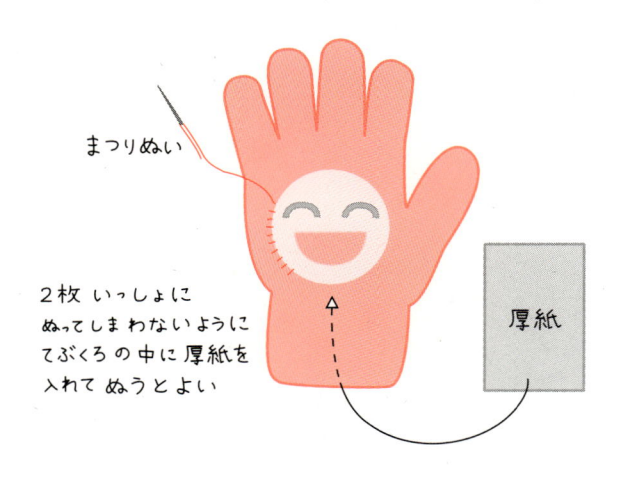

まつりぬい

2枚いっしょにぬってしまわないようにてぶくろの中に厚紙を入れてぬうとよい

厚紙

45

コロコロゾウさん＆きょうりゅう

作品 ▶ **10**ページ
型紙 ▶ **62**ページ （＜なかよしガラガラ＞のクマの目と共通）

材料
- ●ゾウ　カラーてぶくろ（水色）／木製マッサージ器／フェルト（黒）少し／わた 適量／なき笛／カラーロープ（水色・5mm幅）10cm
- ●きょうりゅう　カラーてぶくろ（黄緑）／木製マッサージ器／フェルト（黒）少し／わた 適量／なき笛／ししゅう糸（赤）少し

＜ゾウ＞

1. カラーてぶくろの親指以外の指を切り、手首部分を中に入れ込んで、ぬいとめる。 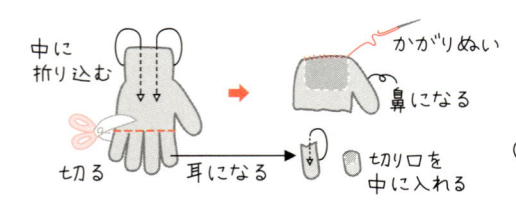
2. ①に、わたとなき笛を入れ、木製マッサージ器にかぶせてぬい合わせる。 
3. 目、耳、しっぽを体にぬいつけ、鼻は折りまげてぬいとめる。

＜きょうりゅう＞

1. カラーてぶくろの親指以外の指を切り、切り口を中に入れ込んで、切った指先を元の位置に差し込んでぬい合わせる。 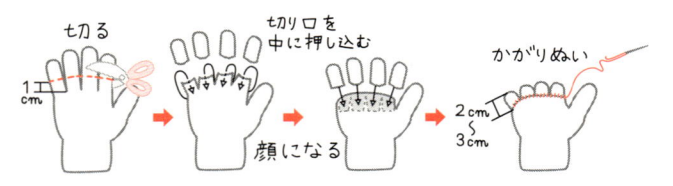
2. ①に、わたとなき笛を入れ、木製マッサージ器にかぶせてぬい合わせる。 
3. 目はぬいつけ、口はししゅうする。

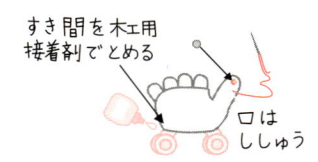

ゆらゆらタコさん

作品 ▶ **11**ページ
型紙 ▶ **65**ページ

材料　フェルト（濃いピンク）20cm×16cm、（クリーム）4cm×4cm、／動眼（直径18mm）2個／スパンコール（直径1.5cm～2cm 大小まぜて）24個／モール（赤）／カラーロープ（赤・5mm幅）80cm

1. 図のようにフェルトに切り込みを入れ、足部分にモールをはりつける。 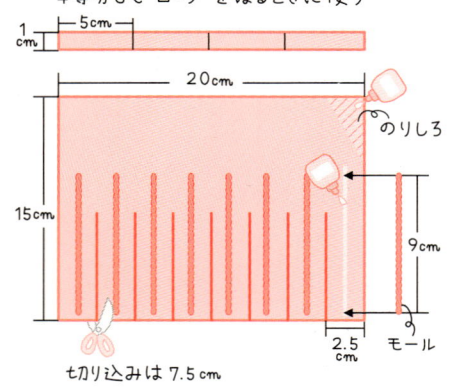
2. ①を輪にして、動眼、型紙通りに切った口をはりつけ、スパンコールを足部分にぬいとめる。 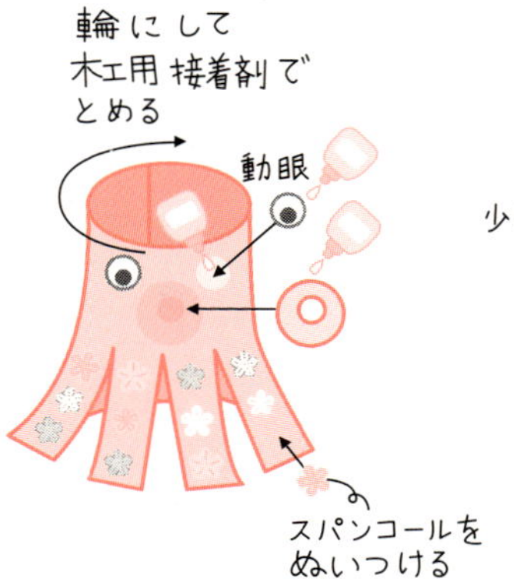
3. 頭の部分にロープをつける。

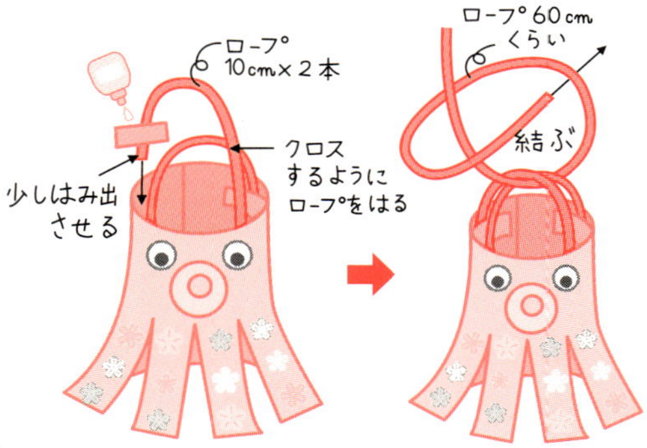

※3cm×3cm以下のものは、「少し」という表現をしています。※1個、1枚のものは数量表記をしていません。（2個、2枚以上は表記）

なかよしガラガラ

作品 ➡ **11**ページ
型紙 ➡ **62**ページ

材料
- ●ウサギ くつした（ピンク・女性用）／ペットボトル（500ml）／鈴や豆など 少し／わた 適量／輪ゴム／フリル（1.5cm幅）30cm／リボン（1cm幅）40cm／フェルト（ピンク）6cm×5cm、（赤、茶）少しずつ／ししゅう糸（赤）少し
- ●クマ くつした（ベージュ・女性用）／ペットボトル（500ml）／鈴や豆など 少し／わた 適量／輪ゴム／リボン（1cm幅）60cm／フェルト（茶）6cm×3cm、（肌色）4cm×4cm、（黒、茶）各少し／ししゅう糸（赤）少し

① ペットボトルに鈴や豆を入れ、図のように上の部分にわたをのせて、くつしたをかぶせる。

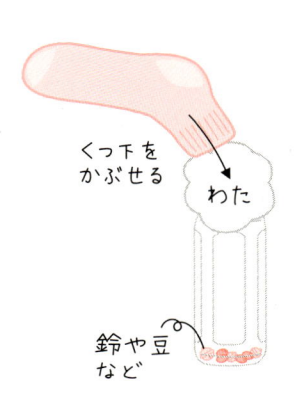

② 余ったくつしたの足首部分を輪ゴムでしっかりと結び、中に折り込みながら丸くなるようにぬいとめる。

③ 型紙通りにフェルトを切った目、口、耳をぬいつけ、リボンやレースを巻いてぬう。

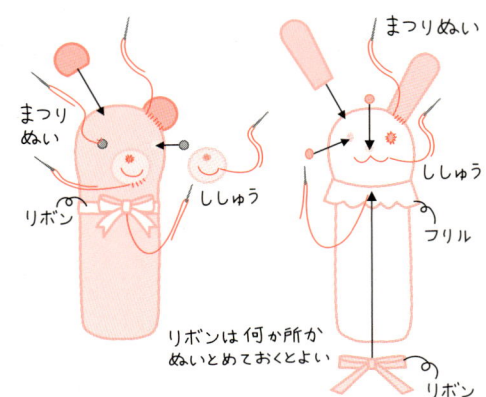

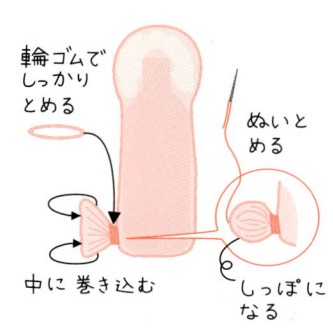

リボンは何か所かぬいとめておくとよい

くるくるカタツムリ

作品 ➡ **12**ページ

材料
- ●体 おしぼりタオル（好きな色）34cm×34cm
- ●殻 おしぼりタオル（好きな色）34cm×34cm

① おしぼりタオルの先端を図のように折って、カタツムリの体を作る。

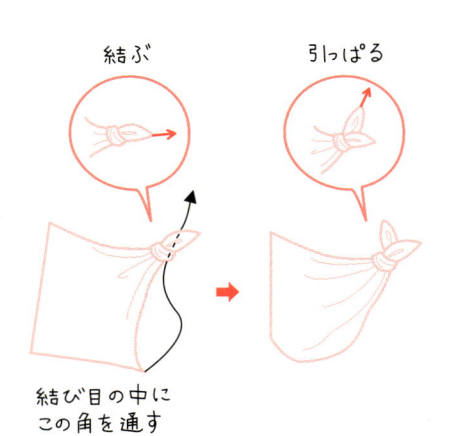

結ぶ　引っぱる

結び目の中にこの角を通す

② おしぼりタオルを図のように折ってしっかりと巻き、ぬいとめて殻を作る。

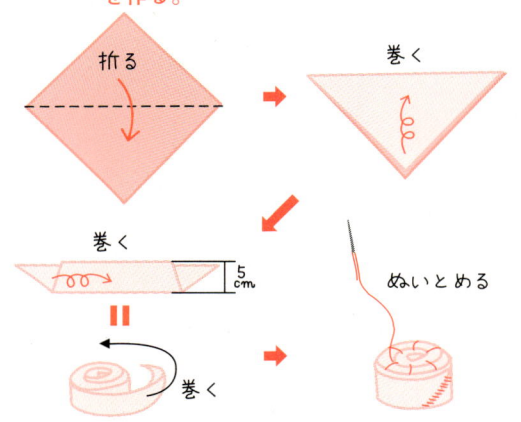

折る　巻く　巻く　ぬいとめる

＜遊び方＞

のせて遊ぶ

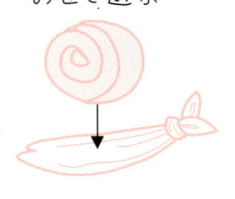

ぬって形を整えてもよい

（16ページ＜ロールケーキ＞、18ページ＜タオルブロック＞も同じ作り方です）

ふわふわロケットのにぎにぎ

作品 ▶ 13ページ
型紙 ▶ 62ページ

材料 ミニタオル（白）23cm×23cm／なき笛／わた 適量／フェルト（青）7cm×7cm、（水色）6cm×6cm、（黄）4.5cm×4.5cm、（クリーム）少し／リボン（黄緑・1cm幅）21cm

① ミニタオルを図のように折る。

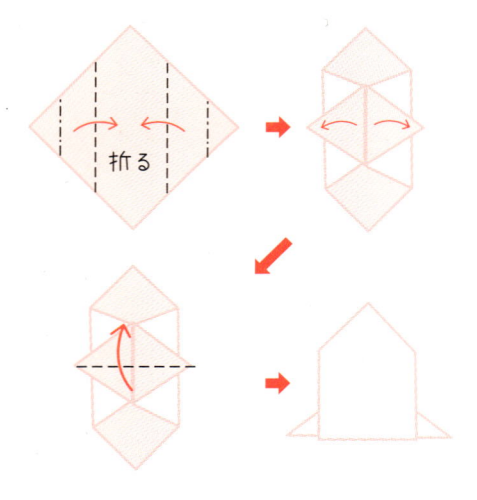

折る

② ①に、わたとなき笛を入れてまわりをぬい合わせる。

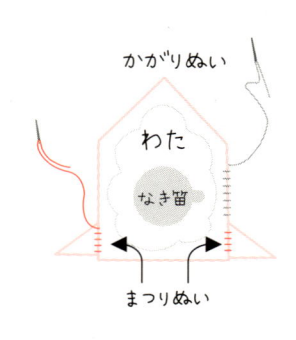

かがりぬい
わた
なき笛
まつりぬい

③ 型紙通りにフェルトを切り、クマのアップリケを作って②にぬいつける。

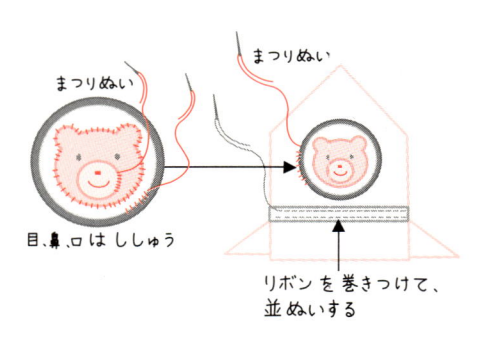

まつりぬい
まつりぬい
目、鼻、口は ししゅう
リボンを巻きつけて、並ぬいする

カシャカシャおさかな

作品 ▶ 13ページ

材料 ミニタオル 23cm×23cm／ボタン（黒・直径2cm）2個／輪ゴム／固めのビニール袋

① ミニタオルを半分に折って横長の袋になるようにぬう。

折る
かがりぬい

② 目になるボタンを両面にぬいつけ、①の中に固めのビニール袋を詰めて、輪ゴムでとめる。

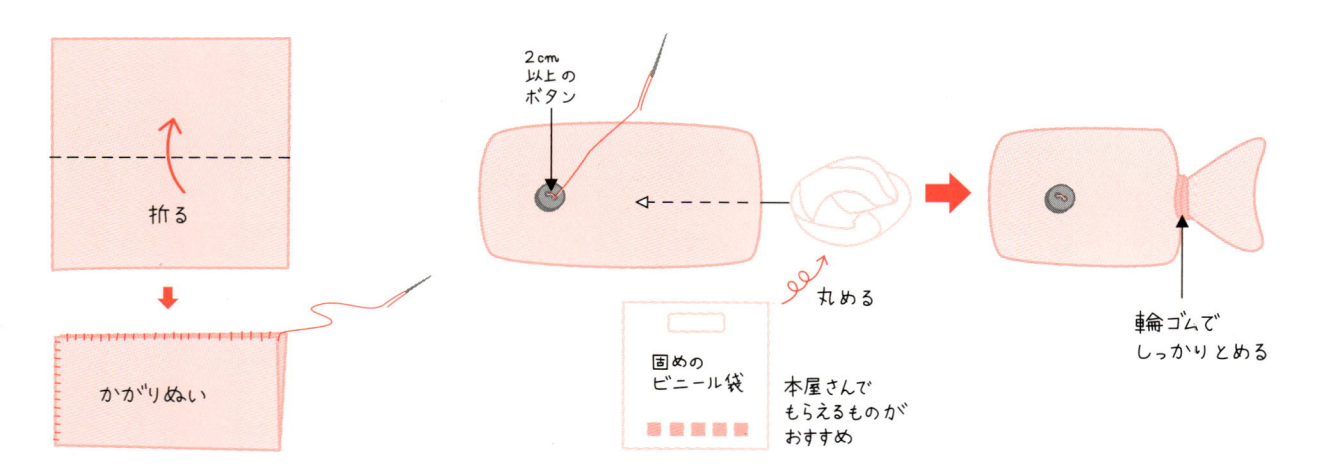

2cm以上のボタン
丸める
固めのビニール袋
本屋さんでもらえるものがおすすめ
輪ゴムでしっかりとめる

※3cm×3cm以下のものは、「少し」という表現をしています。※1個、1枚のものは数量表記をしていません。（2個、2枚以上は表記）

かわいいへんしん動物

作品 ➡ **14**ページ
型紙 ➡ **62**ページ

材料　おしぼりタオル 40cm×28cm／なき笛／フェルト（黒、茶、ピンクなど）各少し

1. おしぼりタオルを図のように結んで人形を作る。

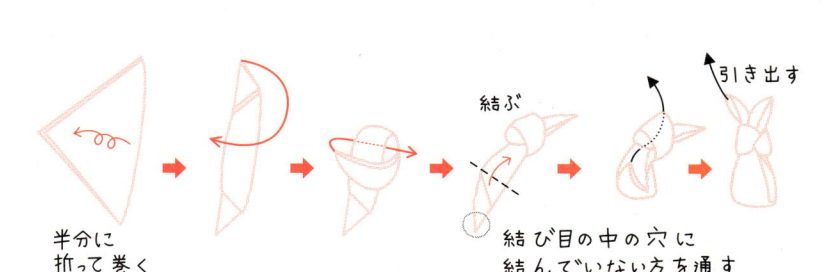

2. なき笛を①の中に入れてぬい合わせ、顔の部分にフェルトの目と鼻をぬいとめる。

半分に折って巻く　　結ぶ　　結び目の中の穴に結んでいない方を通す　　引き出す

かがりぬい　まつりぬい　なき笛　イヌは耳を折りまげてぬいとめる　ネコは耳を短くする

＜かんたんウサギの作り方＞

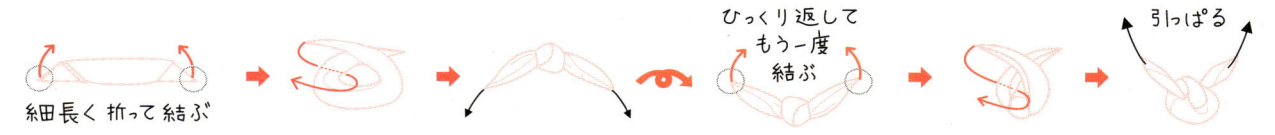

細長く折って結ぶ　　ひっくり返してもう一度結ぶ　　引っぱる

タオルのパペット
あかずきんちゃん・オオカミ・花ウサギ・まだらウサギ

作品 ➡ **15**ページ
型紙 ➡ **62**ページ

材料
● **あかずきんちゃん** おしぼりタオル（濃いピンク）36cm×33cm／ミニタオル（薄いピンク）23cm×23cm／輪ゴム／フェルト（黒、赤）少しずつ
● **オオカミ** おしぼりタオル（茶）36cm×33cm／輪ゴム 2個／フェルト（白）4cm×4cm、（ピンク）4cm×2cm、（青、黒）少しずつ
● **ウサギ** ミニタオル（花柄、またはひょう柄）23cm×23cm／輪ゴム 2個

＜あかずきんちゃん＞

1. おしぼりタオルを4等分に折りたたんで服を作る。 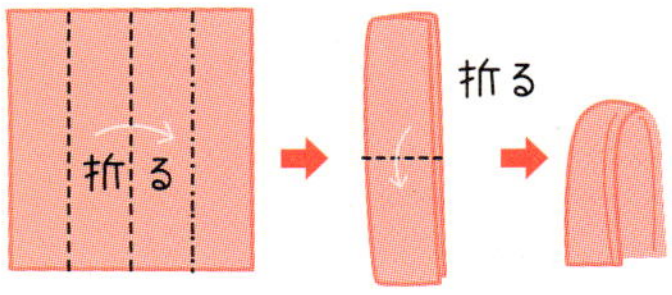
2. ミニタオルを丸めたものを①の輪の中に入れて、輪ゴムでとめる。 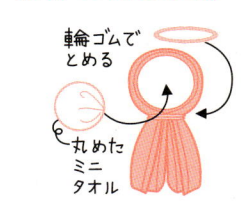
3. ずきんと顔を図のようにぬいとめる。 
4. 型紙通りに切ったフェルトの目と口をぬいとめる。

折る　輪ゴムでとめる　丸めたミニタオル　かがりぬい　まつりぬい　目、口はまつりぬい

＜オオカミ＞

1. おしぼりタオルを半分に折って、輪ゴムでとめる。 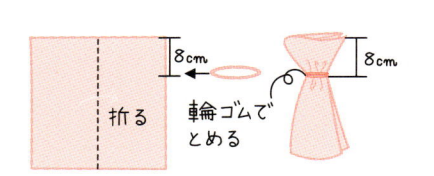
2. 上部を中に少し折りこんで、片側を輪ゴムでとめて耳を作る。 
3. 型紙通りに切ったフェルトの目、鼻、舌をぬいとめる。

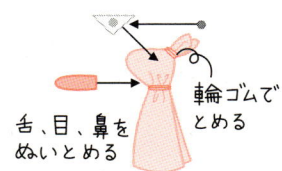

折る　8cm　輪ゴムでとめる　上を中に折り込む　8cm　舌、目、鼻をぬいとめる　輪ゴムでとめる

＜ウサギ＞
オオカミと同じように作る。

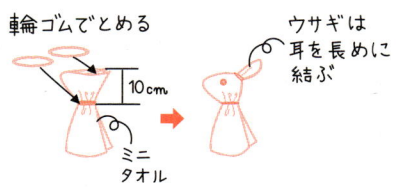

輪ゴムでとめる　10cm　ミニタオル　ウサギは耳を長めに結ぶ

布おもちゃおやつ
ドーナツ・ロールケーキ・パン・サンドイッチ・コーンアイス

作品 ➡ 16、17ページ
型紙 ➡ 63ページ

材料
- ドーナツ おしぼりタオル（茶系）34cm×34cm
- ロールケーキ おしぼりタオル（薄いピンク）34cm×34cm
- パン おしぼりタオル（ベージュ）34cm×34cm
- サンドイッチ おしぼりタオル（白）34cm×34cm／フェルト（黄緑）18cm×10cm、（ピンク）12cm×12cm、（クリーム）12cm×12cm
- コーンアイス1個分 薄手のおしぼりタオル 40cm×23cm／フェルト（黄）20cm×10cm／厚手の画用紙 7cm×7cm／わた 適量

＜ドーナツ＞
1. おしぼりタオルを図のように折り、ねじりながら丸くする。 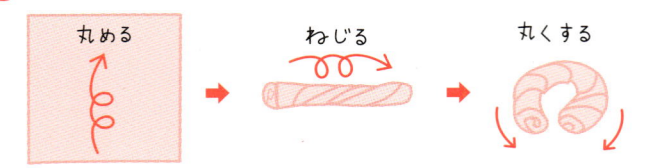
2. ねじった状態で輪にしてぬいとめる

丸める → ねじる → 丸くする　　まつりぬい

＜サンドイッチ＞
1. おしぼりタオルを図のように折り、ぬいとめてパンを作る。 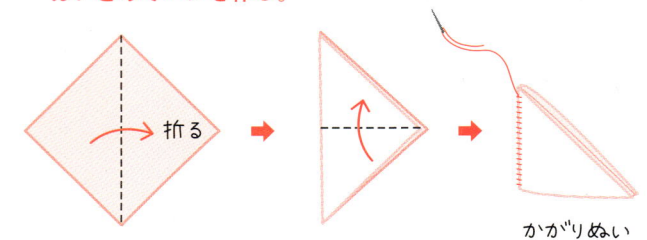
2. 型紙通りにフェルトを切り、チーズ、ハム、野菜を①にはさみ込む。

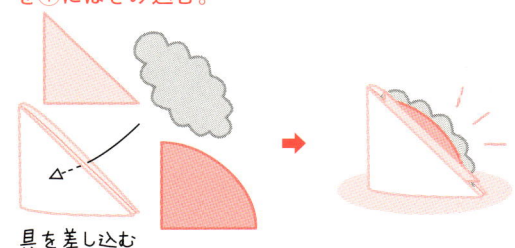

折る　かがりぬい　具を差し込む

＜パン＞
1. おしぼりタオルを図のように折る。 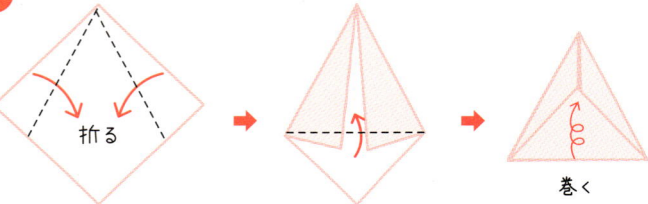
2. まん中の部分と左右をぬいとめる。

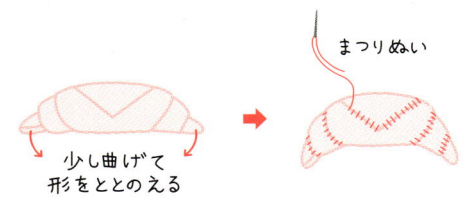

折る　巻く　少し曲げて形をととのえる　まつりぬい

＜ロールケーキ＞
47ページ＜かたつむりの殻＞と同じ作り方です。

＜コーンアイス＞
1. おしぼりタオルを半分に切り、中にわたを入れる。切り口を中に入れ込むように丸めてぬい、アイスクリームを作る。
2. 寸法通りにフェルトを切る。厚手の画用紙を中に入れて半分に折り、円すい状に丸める。端をぬい合わせてコーンを作る。
3. コーンの上にアイスクリームをのせる（コーンの柄はステッチしてもよい）。

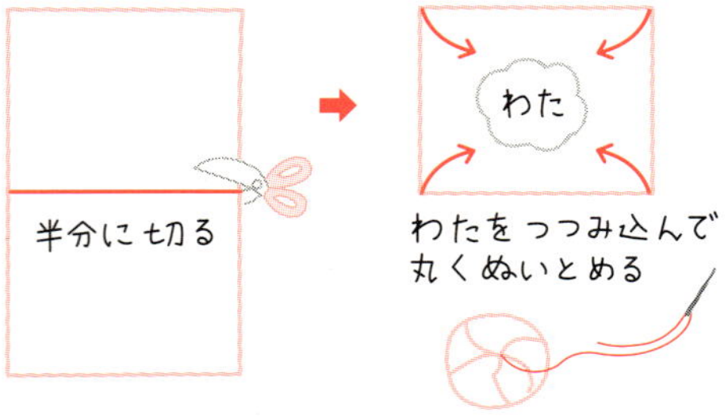

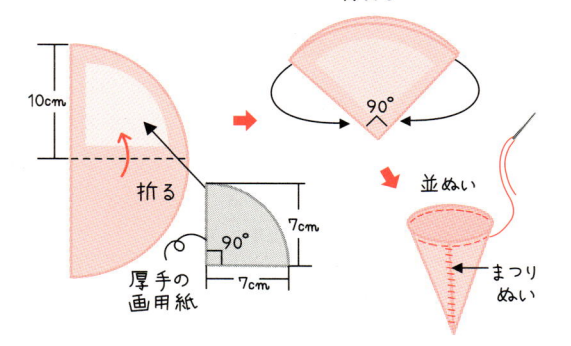

半分に切る　わたをつつみ込んで丸くぬいとめる　わた
10cm　折る　厚手の画用紙　7cm　7cm　90°
丸める　90°　並ぬい　まつりぬい

※3cm×3cm以下のものは、「少し」という表現をしています。※1個、1枚のものは数量表記をしていません。（2個、2枚以上は表記）

ガーゼハンカチアニマルズ
キツネ・イヌ

作品 ➡ **17**ページ
型紙 ➡ **64**ページ

材料
- キツネ ガーゼハンカチ（黄）33cm×33cm／フェルト（青、茶）少しずつ
- イヌ ガーゼハンカチ（緑）33cm×33cm／フェルト（黄、茶、濃いピンク）少しずつ

＜キツネ＞

① ガーゼハンカチを図のように折り、「やっこさん」を作る（アイロンをかけながら折ると折りやすい）。

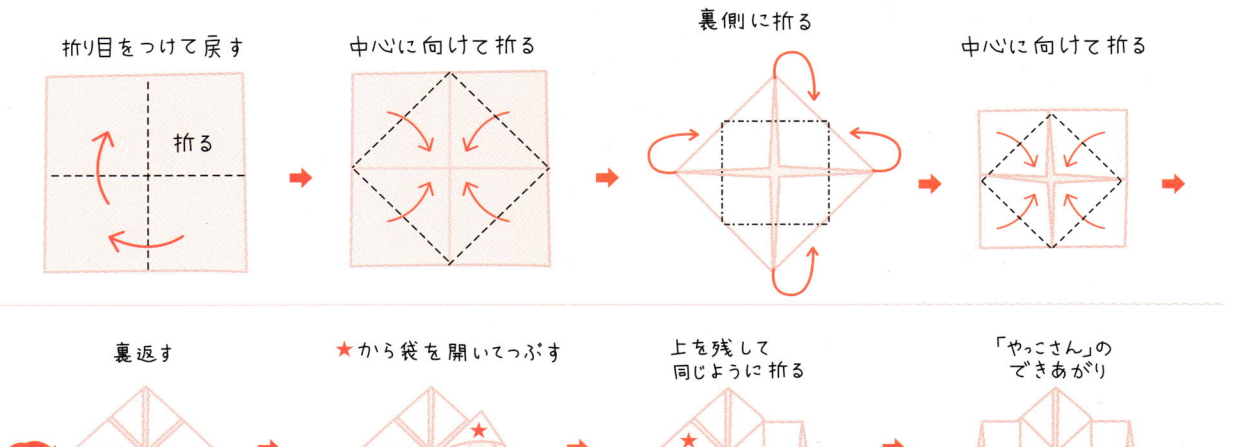

折り目をつけて戻す → 中心に向けて折る → 裏側に折る → 中心に向けて折る →

裏返す → ★から袋を開いてつぶす → 上を残して同じように折る → 「やっこさん」のできあがり

② 図の部分をぬいとめて固定する。

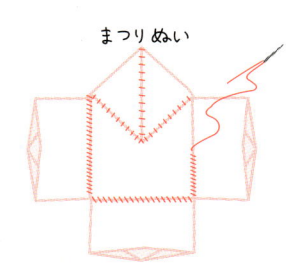

まつりぬい

③ 型紙通りにフェルトを切り、目、口、耳をぬいつける。

まつりぬい
まつりぬい

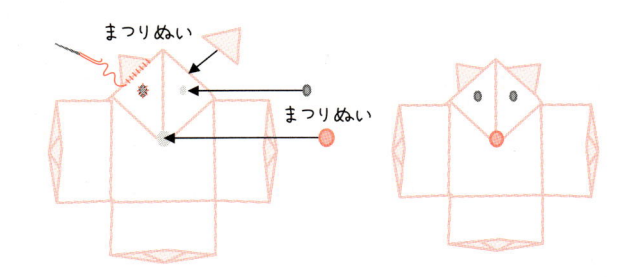

＜イヌ＞

① ガーゼハンカチを図のように折り、ぬいとめる。

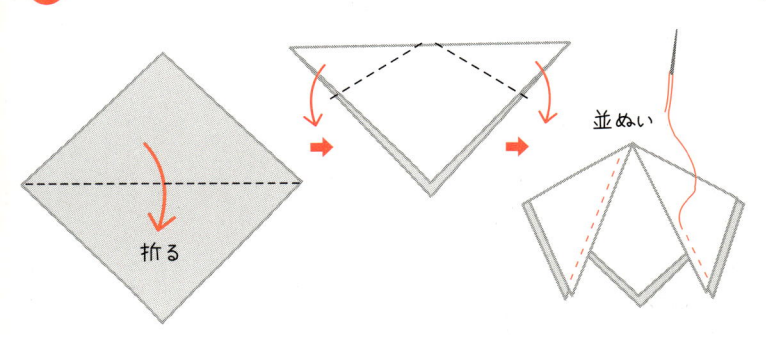

折る → → 並ぬい

② 型紙通りにフェルトを切り、目、口、耳をぬいつける。

まつりぬい

51

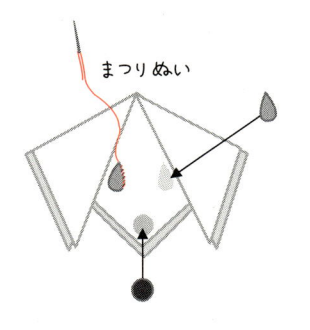

タオルブロック
作品 ➡ 18ページ

12ページ＜くるくるカタツムリ＞と同じ作り方です。

....

つなげるわっか
作品 ➡ 18ページ

材料 ●1本 フェルト（好きな色）20cm×2.5cm／ボタン（直径2.3〜2.5cm）1個

1. フェルトを寸法通りに切る。
   20cm / 2.5cm

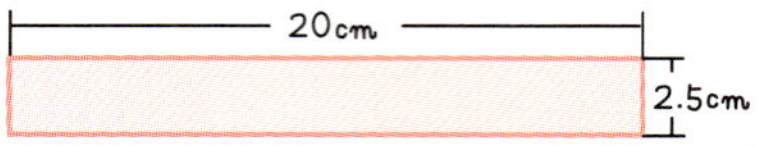

2. ボタンをぬいつけ、反対側には切り込みを入れる。
   1.5cm / 3cm / 1.5cm
   切り込みは折って入れるとよい

....

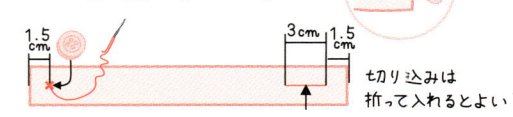

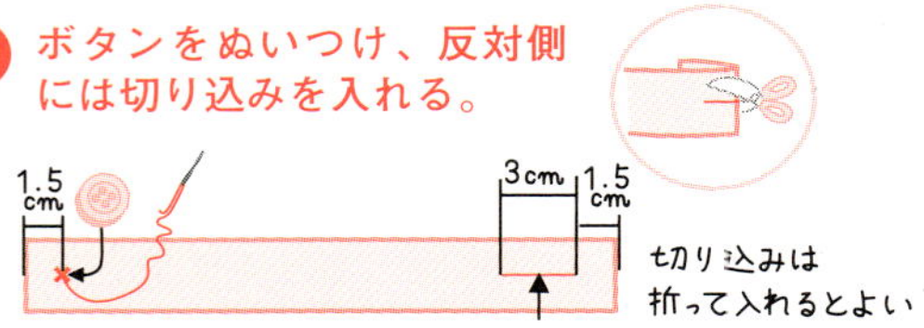

カラフルマトリョーシカ
作品 ➡ 19ページ
型紙 ➡ 63ページ

材料
- ●パパ フェルト（青）20cm×15cm、（茶）8cm×7cm、（クリーム、黒）少しずつ
- ●ママ フェルト（赤）18cm×12cm、（茶）7cm×6cm、（クリーム）少し
- ●おにいちゃん フェルト（黄）16cm×10cm、（茶）6cm×5cm、（黒）少し
- ●赤ちゃん フェルト（ピンク）12cm×8cm、（茶）5cm×4cm

1. 型紙通りにフェルトを切り、各パーツを図のようにぬい合わせて、パパ、ママ、おにいちゃんのクマを作る。

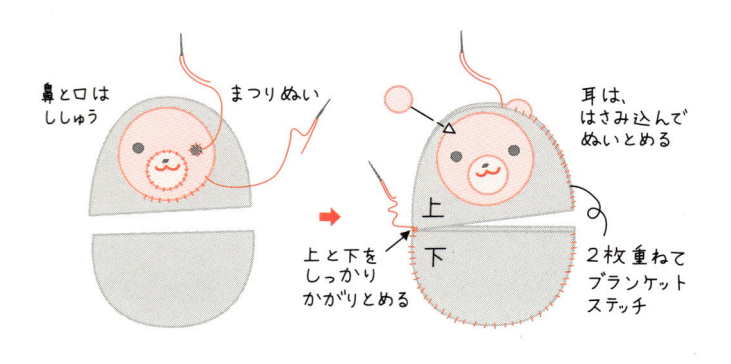

   鼻と口はししゅう／まつりぬい／耳は、はさみ込んでぬいとめる／上と下をしっかりかがりとめる／2枚重ねてブランケットステッチ

2. 赤ちゃんは体を切らず、パーツをぬい合わせる。
   顔は、ししゅう

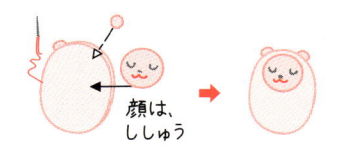

＜遊び方＞
小さい赤ちゃんから順番にしまっていく

....

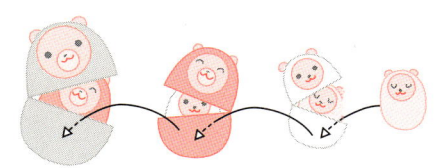

キラキラわっかはめ
作品 ➡ 19ページ

材料 ペットボトル（500ml）／スパンコールやストローを切ったもの（お好みで）／おしぼりタオル（好きな色）34cm×34cm／ビニールテープ

＜キラキラ＞
1. ペットボトルにスパンコールやストローを細かく切ったものを入れる。
2. 水を入れ、フタをしてビニールテープでしっかりとめる。

ビニールテープでしっかりとめる／細く切ったスパンコールやストロー／水

＜わっか＞
50ページ＜ドーナツ＞と同じ作り方です。

※3cm×3cm以下のものは、「少し」という表現をしています。※1個、1枚のものは数量表記をしていません。（2個、2枚以上は表記）

きせかえガール

作品 ➤ **20**ページ
型紙 ➤ **64、65**ページ

材料 ●**人形** カラーてぶくろ（肌色）／わた 適量／輪ゴム／フェルト（茶）15cm×5cm、（黒、赤）少しずつ
●**ワンピース** フェルト（白）20cm×10cm、（濃いピンク）20cm×1cm、（濃いピンク）4cm×3cm／面ファスナー 少し
●**ペパーミントグリーンのベスト** フェルト（ペパーミントグリーン）16cm×8cm、（クリーム）16cm×1cm、（黄）少し／面ファスナー 少し
●**オレンジのベスト** フェルト（オレンジ）16cm×8cm、（水色）少し／面ファスナー 少し
●**オーバーオール** フェルト（水色）20cm×10cm、（青）10cm×2cm、（青、黄）各少し／面ファスナー 少し

<人形>

1 カラーてぶくろの親指を内側に入れ込む。

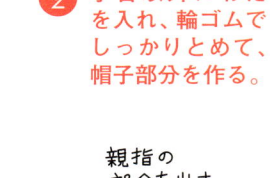

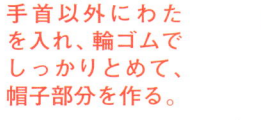

2 手首以外にわたを入れ、輪ゴムでしっかりとめて、帽子部分を作る。

3 目と口を型紙通り、髪を寸法通りに切って、図のようにぬい合わせる。

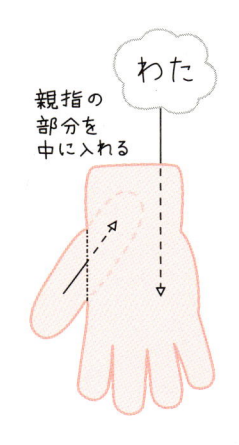

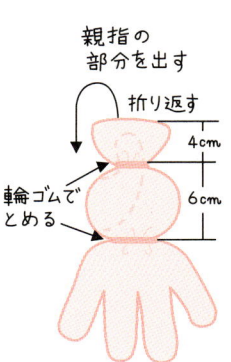

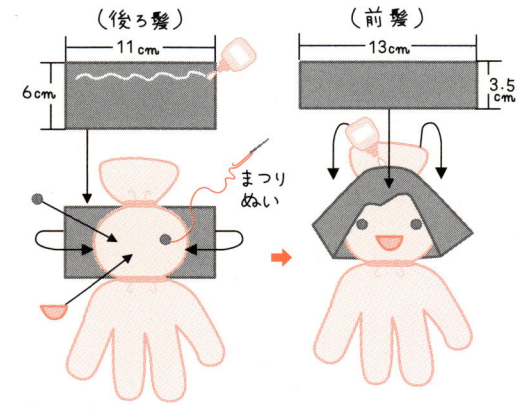

4 帽子を下ろしてぬいとめる。

ぼうしと髪の毛をぬいとめる

<オーバーオール>

1 型紙通りにフェルトを切り、図のようにぬい合わせる。

2 肩ひもに面ファスナーとボタンをつけて、オーバーオールにぬいとめる。

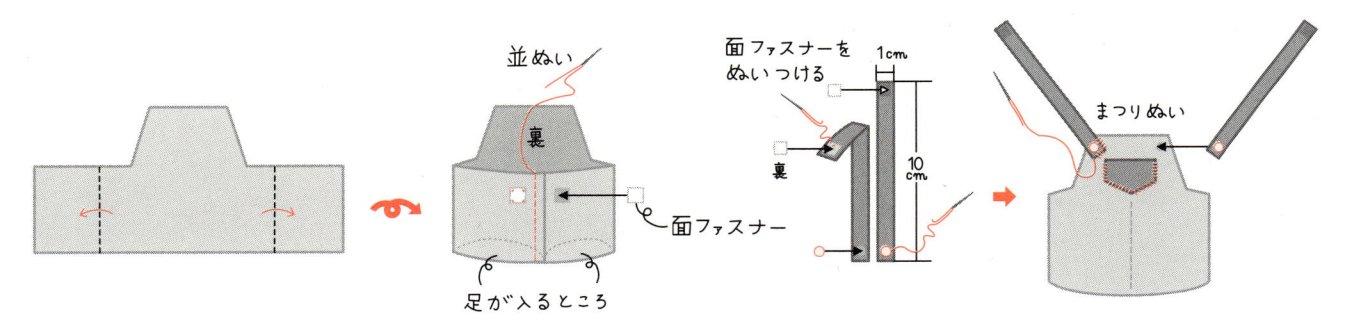

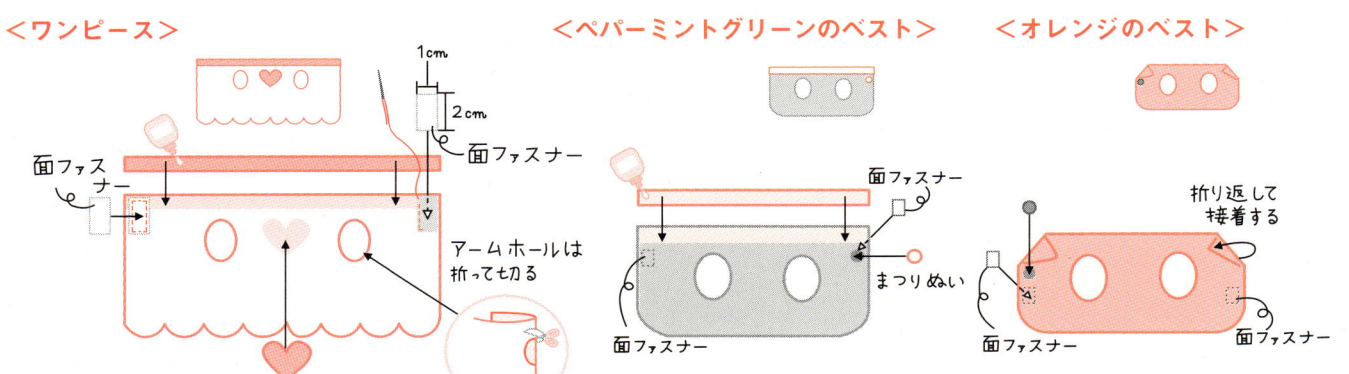

<ワンピース>

アームホールは折って切る

<ペパーミントグリーンのベスト>

<オレンジのベスト>

折り返して接着する

53

きせかえクマちゃん

作品 ▶ 21ページ
型紙 ▶ 65ページ

材料　カラーてぶくろ（茶）／フェルト（茶）18cm×10cm、（オレンジ）6cm×4cm、（白、青）各4cm×2cm、（クリーム）少し／布（好きな色・柄）25cm×28cm

<顔>
型紙通りにフェルトを切る。1枚目に顔のパーツをぬいつけ、耳をはさんで2枚ぬい合わせる。

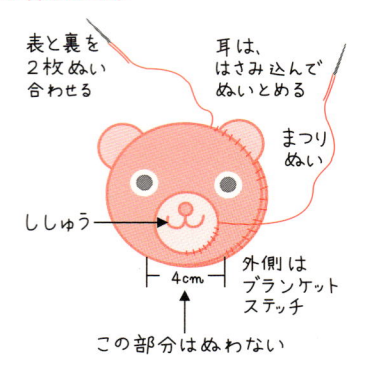

- 表と裏を2枚ぬい合わせる
- 耳は、はさみ込んでぬいとめる
- まつりぬい
- ししゅう
- 外側はブランケットステッチ
- 4cm
- この部分はぬわない

<服>
ピンキングばさみで布を切り、中央に3か所切り込みを入れる。

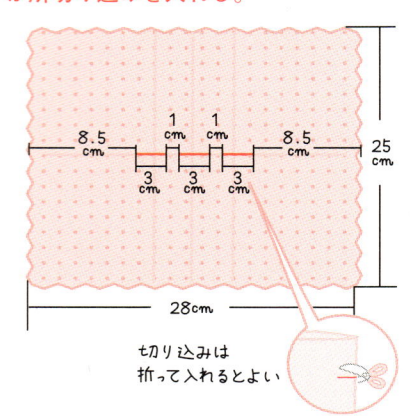

寸法: 8.5cm、1cm、1cm、8.5cm／3cm、3cm、3cm／25cm／28cm

切り込みは折って入れるとよい

<遊び方>
指を通して遊ぶ

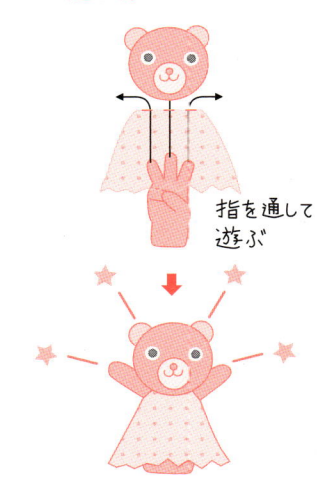

おむつのゾウくん

作品 ▶ 22ページ
型紙 ▶ 66ページ

材料
- ●ゾウ　おしぼりタオル（薄い緑）40cm×28cm／フェルト（濃い水色）20cm×20cm、（黒）4cm×4cm
- ●おむつ　ガーゼハンカチ（水玉模様）／フェルト（ピンク）10cm×4cm／ボタン（直径2cm）2個／わた　適量

<ゾウ>
① おしぼりタオルを半分に折って、脇と下部をぬい、表に返す。わたを入れ、上部をぬいとめる。

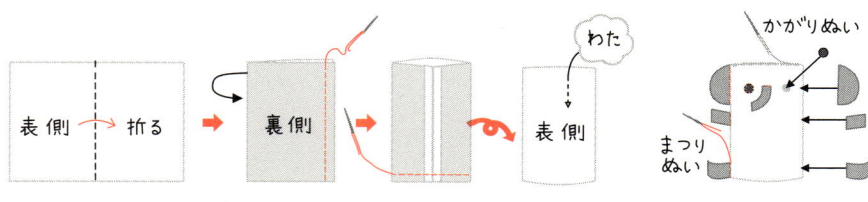

表側→折る→裏側→表側　わた

② 型紙通りに切ったフェルトの目、鼻、耳、手、足をぬいつける。
- かがりぬい
- まつりぬい

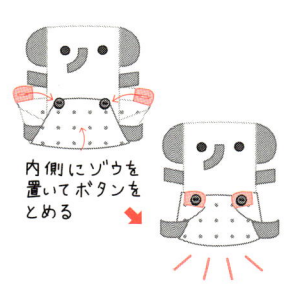

<おむつ>
① ガーゼハンカチを図のように折ってぬい、型紙通りに切ったフェルトで上部両端をはさみ、ぬいとめる。

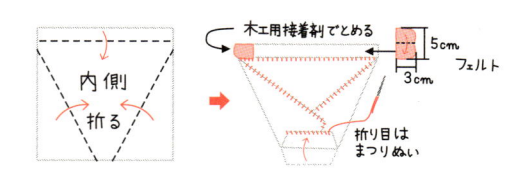

内側／折る／木工用接着剤でとめる／5cm／3cm／フェルト／折り目はまつりぬい

② ①でつけたフェルトに切り込みを入れてボタンホールを作り、ほつれないようにぬう。
- 3cm
- ボタンホールはブランケットステッチ
- ほつれないようにぬう
- 半分に折って切り込みを入れるとよい

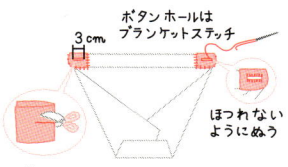

③ 表側にボタンをつける。

<遊び方>
内側にゾウを置いてボタンをとめる

※3cm×3cm以下のものは、「少し」という表現をしています。※1個、1枚のものは数量表記をしていません。（2個、2枚以上は表記）

おかあさんなりきりセット
エプロン・おさいふ・おかね・
ショルダーバッグ・ミニバッグ

作品 ➡ 23ページ
型紙 ➡ 65ページ

材料
- エプロン ハンカチ40cm×40cm／リボン（1cm幅）1m
- おさいふ おしぼりタオル（白）40cm×28cm／フェルト（濃いピンク）7cm×7cm、（薄いピンク）4cm×3m、（グレー）4cm×2cm、（青）少し
- おかね フェルト（ピンク、オレンジ、黄）各4cm×4cm
- ショルダーバッグ フェルト（濃いピンク、薄いピンク）各20cm×20m、（水色）12cm×8cm／リボン（1cm幅）110cm
- ミニバッグ フェルト（黄、オレンジ）各20cm×20m、（黄緑、オレンジ）少しずつ

＜エプロン＞　ハンカチを半分に折り、リボンをぬいつける。

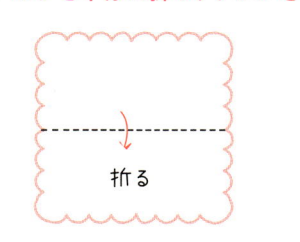

折る
リボン
並ぬい

＜おさいふ＞

① おしぼりタオルを図のように折りたたみ、両脇と下部をぬい合わせてさいふを作る。

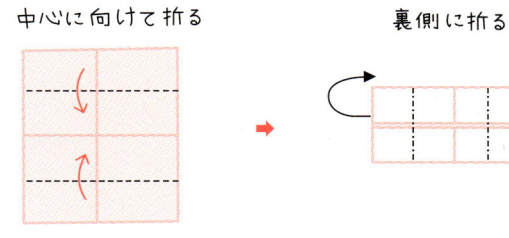

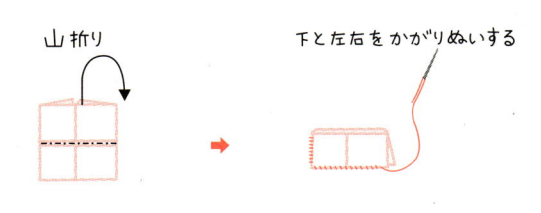

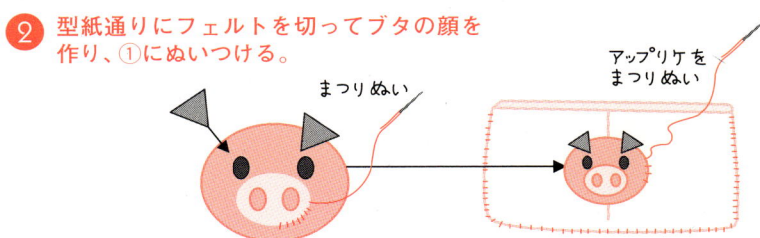

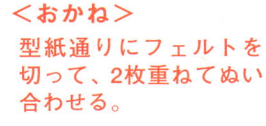

中心に向けて折る　裏側に折る　山折り　下と左右をかがりぬいする

② 型紙通りにフェルトを切ってブタの顔を作り、①にぬいつける。

まつりぬい
アップリケをまつりぬい

＜おかね＞
型紙通りにフェルトを切って、2枚重ねてぬい合わせる。

＜ショルダーバッグ＞

① フェルトに図のように切ったポケットをぬいつける。
② 木工用接着剤で、リボンを表側に仮どめする。
③ 裏面を重ねて、両脇と底をぬい合わせる（ミシンでぬってもよい）。

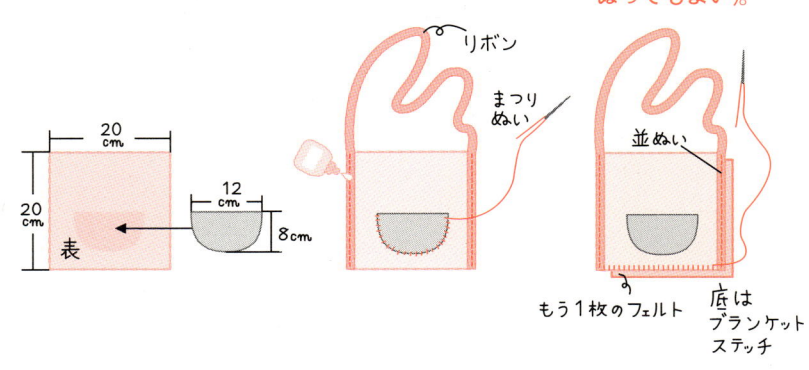

20cm／20cm　表　12cm／8cm
リボン
まつりぬい
並ぬい
もう1枚のフェルト
底はブランケットステッチ

＜ミニバッグ＞

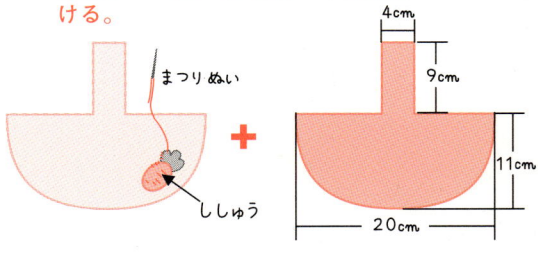

① 寸法通りにフェルトを切る。ニンジンも型紙通りにフェルトを切って、表面にぬいつける。

まつりぬい
ししゅう
4cm／9cm／11cm／20cm

② 2枚を重ねて、ぬい合わせる（ミシンでぬってもよい）。

底と上はブランケットステッチする

おいしいおすし

作品 ➡ **24**ページ
型紙 ➡ **67**ページ

材料
- おすし1個 おしぼりタオル（白）23cm×23cm
- おすしのネタ6種 フェルト（赤、オレンジ、薄いピンク、黄、白、クリーム）各10cm×5cm、（黒）20cm×1.5cm 3枚
- バラン1枚 フェルト（緑）8cm×5cm

1 ミニタオルを図のように折り、シャリの部分を作る。

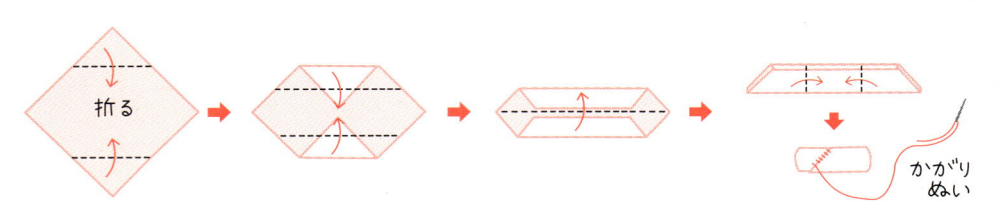

折る → → → かがりぬい

2 型紙通りにフェルトを切り、すしのネタ、のり、バランを作る。

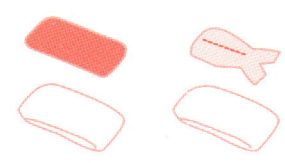

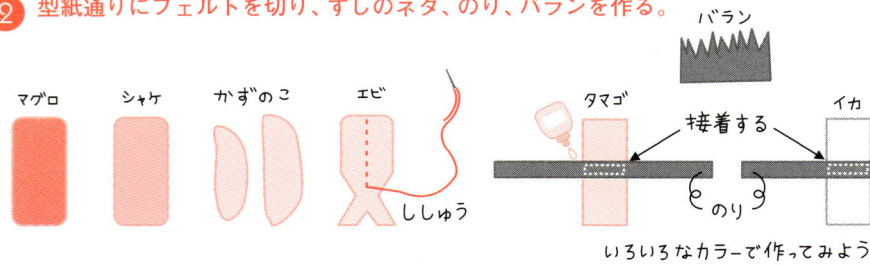

マグロ　シャケ　かずのこ　エビ（ししゅう）　バラン　タマゴ　イカ（接着する／のり）
いろいろなカラーで作ってみよう

<遊び方>
すしネタをのせる
のりを巻く

おにぎりパクパク

作品 ➡ **25**ページ
型紙 ➡ **67**ページ

材料
- おにぎり1個 フェルト（白）20cm×10cm、（黒）7cm×5cm／面ファスナー（2.5cm幅）1.5cm／わた 適量
- おにぎりの具4種 フェルト（赤、こげ茶、ピンク、薄いピンク、オレンジ）少しずつ

1 型紙通りにフェルトを切り、おにぎりとのりのパーツを作る。

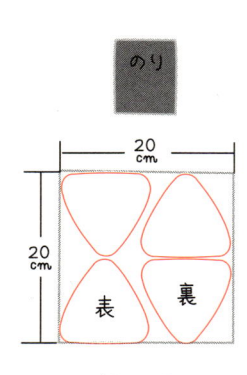

のり　20cm×20cm　表　裏
20cm×20cmのフェルト1枚から、2個分のおにぎりができます。

2 おにぎりの表に、それぞれの具をぬいつける。
まつりぬいで具をつける

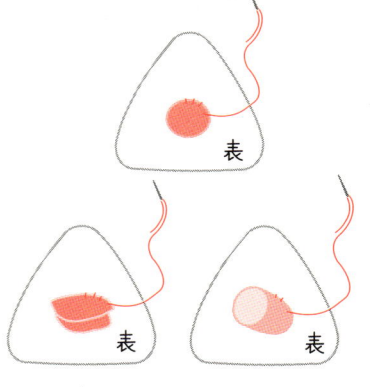

3 おにぎりの表裏を重ねてまわりをぬい合わせ、わたを入れる。最後にのりをはさんでぬいとめる。
2枚重ねてブランケットステッチ
まつりぬい
わた
のり
ぬいしろ1cm

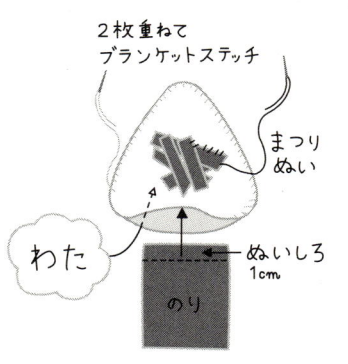

4 2か所にマジックテープをぬいとめる。
まつりぬい
面ファスナー
まつりぬい
面ファスナーをぬう糸は糸をフェルトの色に合わせる

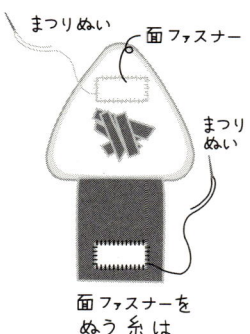

※3cm×3cm以下のものは、「少し」という表現をしています。※1個、1枚のものは数量表記をしていません。(2個、2枚以上は表記)

ちいさなやさいたち

作品 ➡ 26ページ
型紙 ➡ 65ページ

材料
- **トマト** カラーてぶくろの指部分（赤）／フェルト（濃い緑）4cm×4cm／わた 適量
- **ダイコン** カラーてぶくろの指部分（白）／フェルト（濃い緑）6m×5cm／わた 適量
- **ニンジン** カラーてぶくろの指部分（オレンジ）／カラーロープ（黄緑・5mm幅）10cm／わた 適量
- **ナス** カラーてぶくろの指部分（紫）／フェルト（紫）4cm×4cm／わた 適量
- **カブ** カラーてぶくろの指部分（白）／フェルト（黄緑）8m×6cm／カラーロープ（黄緑・5mm幅）12cm／わた 適量

① 野菜の色に合わせたカラーてぶくろの指を切る。

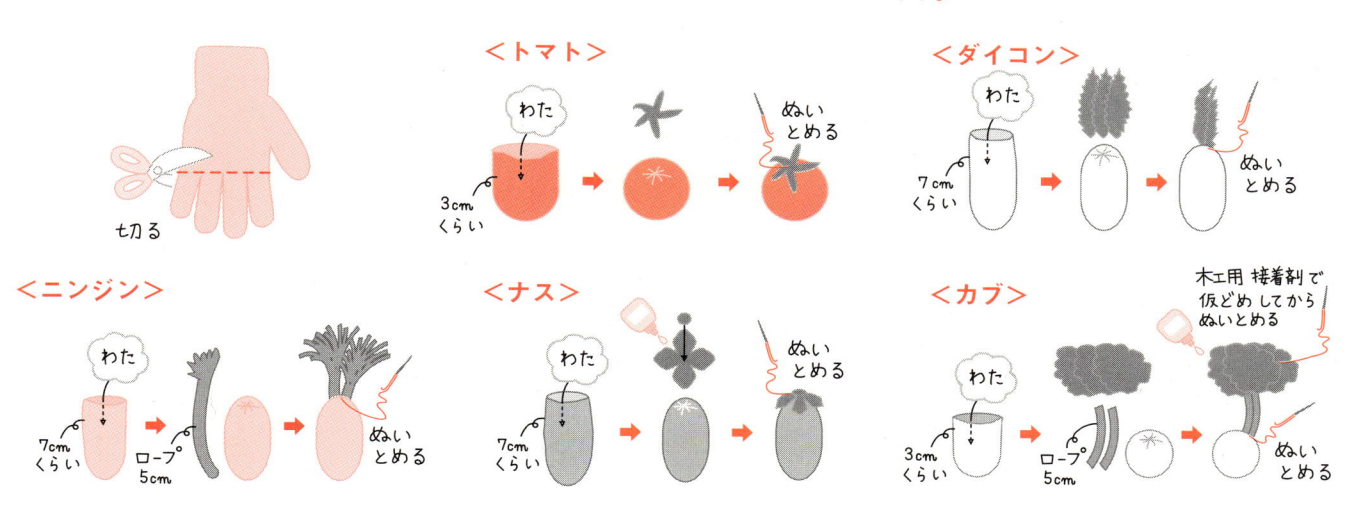

切る

② わたをつめて、口をしぼってぬいとじたら、型紙通りに切ったそれぞれの葉っぱをぬいつける。

＜トマト＞
わた　3cmくらい　ぬいとめる

＜ダイコン＞
わた　7cmくらい　ぬいとめる

＜ニンジン＞
わた　7cmくらい　ロープ5cm　ぬいとめる

＜ナス＞
わた　7cmくらい　ぬいとめる

＜カブ＞
わた　3cmくらい　ロープ5cm　木工用接着剤で仮どめしてからぬいとめる

パクパクちゃん

作品 ➡ 27ページ
型紙 ➡ 66ページ

材料
- **ネコ** フェルト（顔…オレンジ）20cm×10cm、（耳…オレンジ）16cm×4cm、（クリーム）6cm×3cm、（緑）4cm×2cm、（白、茶）少しずつ
- **ウサギ** フェルト（顔…ピンク）20cm×10cm、（耳…ピンク）12cm×4cm、（ピンク）4cm×4cm、（白、薄い茶）少しずつ
- **カエル** フェルト（顔…黄緑）20cm×10cm、（目…黄緑）12cm×4cm、（黒）6cm×4cm
- **おさかな** フェルト（ピンク、紫）各7cm×5cm、（青）少し
- **ニンジン** フェルト（オレンジ）8cm×6cm、（黄緑）4cm×4cm
- **むし** フェルト（薄い茶）6cm×6cm、（水色）4cm×5cm、（黒）少し

① 寸法通りにフェルトを切り、端同士が少し重なるように折る。

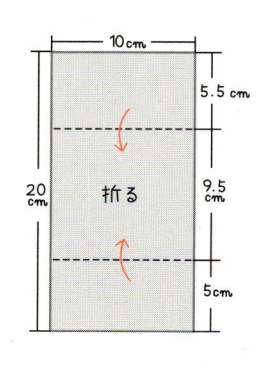

10cm　5.5cm　9.5cm　5cm　20cm　折る

② 両脇をぬい、型紙通りに切ったフェルトの目、鼻、耳などをぬいつける。

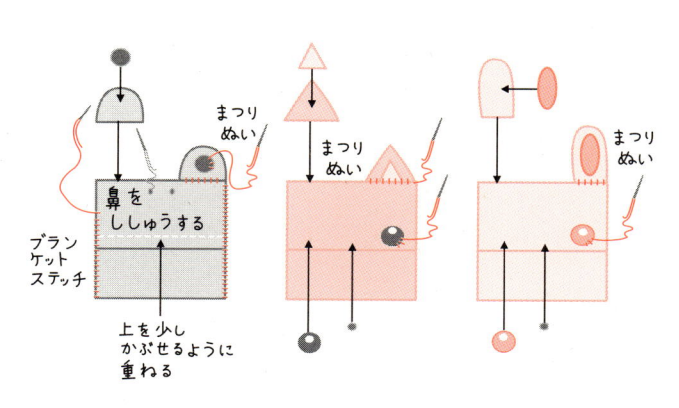

鼻をししゅうする　ブランケットステッチ　まつりぬい　上を少しかぶせるように重ねる

まつりぬい

まつりぬい

③ 型紙通りにフェルトを切り、2枚ずつぬい合わせてエサを作る。

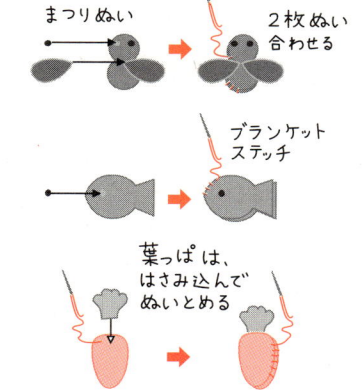

まつりぬい　2枚ぬい合わせる

ブランケットステッチ

葉っぱは、はさみ込んでぬいとめる

ぽっけえほん

作品 ➡ **28ページ**
型紙 ➡ **68ページ**

材料
- **カンガルーママ** フェルト（ベース表…オレンジ、ベース裏…黄緑）各20cm×20cm、（薄い茶）20cm×20cm、（黒）2cm×4cm、（オレンジ）2cm×5cm、（濃い茶）8cm×10cm
- **なべ** フェルト（ベース表…薄いピンク、ベース裏…黄土色）各20cm×20cm、（赤）20cm×20cm、（黄緑）5cm×4cm、（オレンジ）4cm×6cm、（クリーム）5cm×5cm、（白）4cm×4cm
- **エプロン** フェルト（ベース表…水色、ベース裏…クリーム）各20cm×20cm、（淡いピンク）13cm×17cm、（黄）7cm×9cm／フリルリボン（白・2cm幅）45cm／リボン（ストライプ・1cm幅）17cm
- **ミトン** フェルト（ベース表…黄緑、ベース裏…赤）各20cm×20cm、（薄い紫）14cm×15cm、（白）6cm×6cm、（黄）少し
- **赤ちゃんカンガルー** フェルト（薄い茶）10cm×20cm
- **タイトル文字** フェルト（オレンジ）15cm×5cm または 市販の文字型フェルト

① 型紙通りにフェルトを切り、それぞれのベースのフェルトにぬいつけて、絵柄を作る。

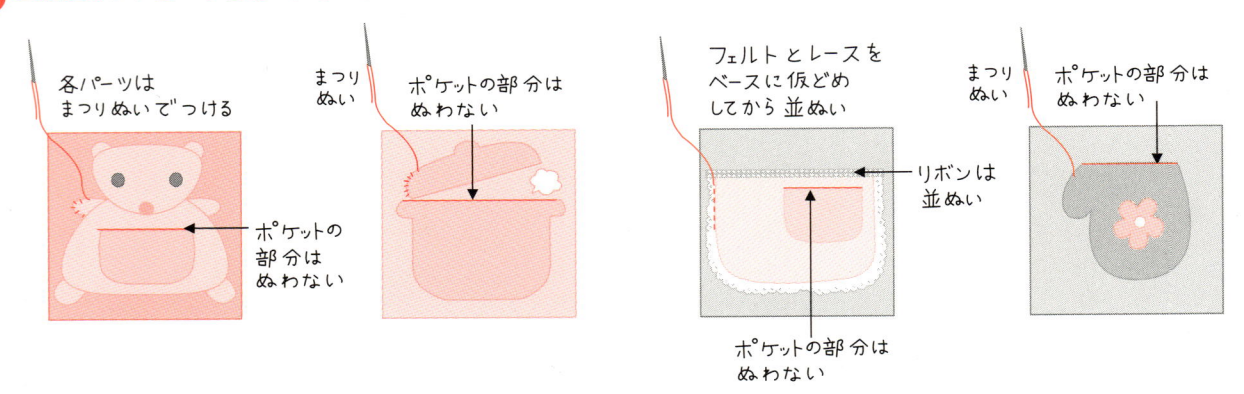

- 各パーツはまつりぬいでつける
- まつりぬい
- ポケットの部分はぬわない
- フェルトとレースをベースに仮どめしてから並ぬい
- リボンは並ぬい
- ポケットの部分はぬわない
- まつりぬい
- ポケットの部分はぬわない

② 表紙にタイトル文字をぬいつける。

- ぽっけ
- タイトルはまつりぬいする
- ぽっけ
- 表紙
- 表紙裏

③ ①と裏打ち用のフェルト（表紙を含む）を、それぞれぬい合わせる（ミシンでぬってもよい）。

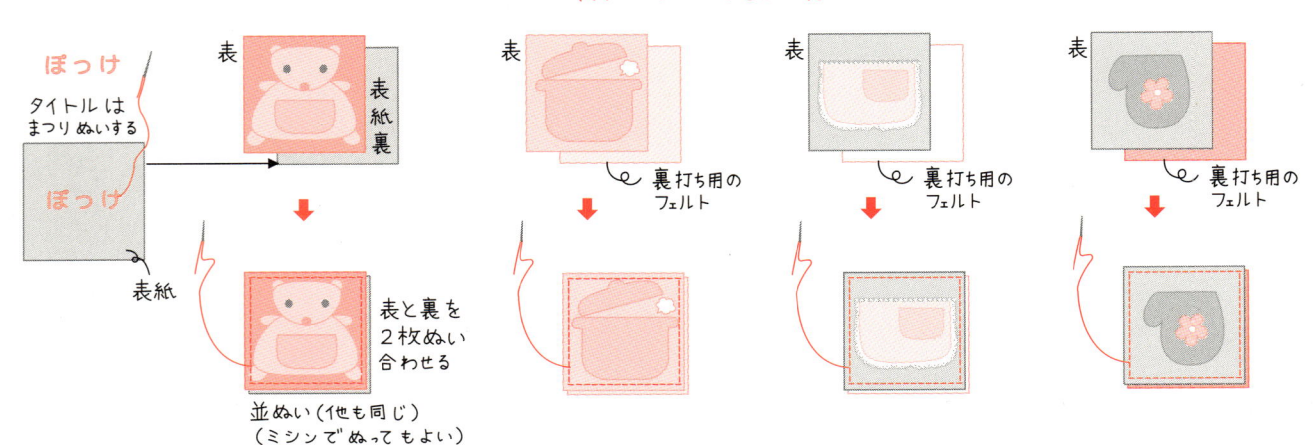

- 表
- 裏打ち用のフェルト
- 表と裏を2枚ぬい合わせる
- 並ぬい（他も同じ）（ミシンでぬってもよい）

④ ③で作った4枚をつなぎ合わせる。

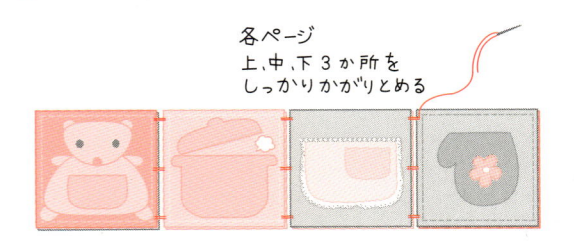

- 各ページ上、中、下3か所をしっかりかがりとめる

⑤ 型紙通りにフェルトを切り、赤ちゃんカンガルーと野菜を作る。

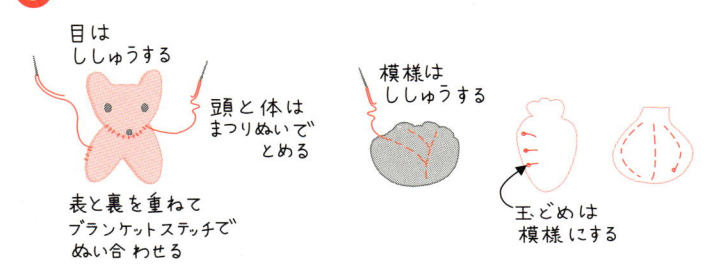

- 目はししゅうする
- 頭と体はまつりぬいでとめる
- 表と裏を重ねてブランケットステッチでぬい合わせる
- 模様はししゅうする
- 玉どめは模様にする

※3cm×3cm以下のものは、「少し」という表現をしています。※1個、1枚のものは数量表記をしていません。（2個、2枚以上は表記）

のりものえほん

作品 ➡ **30**ページ
型紙 ➡ **69**ページ

1. 型紙通りにフェルトを切り、それぞれのベースにぬいつけて、絵柄を作る。
2. 表紙にタイトル文字をぬいつける。
3. ①と裏打ち用のフェルト（表紙を含む）を、それぞれぬい合わせる（ミシンでぬってもよい）。
4. ③で作った3枚をつなぎ合わせる。

材料
- ●**男の子** フェルト（肌色）20cm×20cm、（こげ茶）6cm×4cm、（赤）少し、（黄）10cm×4cm、（青）10cm×3cm
- ●**じどうしゃ** フェルト（ベース表…黄緑、ベース裏…薄茶）各20cm×20cm、（赤）15cm×19cm、（水色）5cm×7cm、（青）6cm×12cm、（黄）3cm×6cm／リボン（ストライプ・1.5cm幅）20cm
- ●**ふね** フェルト（ベース表…黄、ベース裏…黄緑）各20cm×20cm、（青）9cm×7cm、（白）5cm×8cm、（オレンジ）2cm×6cm、（赤）3cm×6cm、（淡いピンク）5cm×5cm／波型リボン（白・1cm幅）20cm
- ●**ひこうき** フェルト（ベース表…オレンジ、ベース裏…青）各20cm×20cm、（水色）2cm×6cm／リボン（黄緑・1cm幅）14cm
- ●**タイトル文字** フェルト（濃いピンク、濃い水色、黄緑、黄）各5cm×5cm または 市販の文字型フェルト

＜男の子＞
型紙通りにフェルトを切り、男の子を作る。

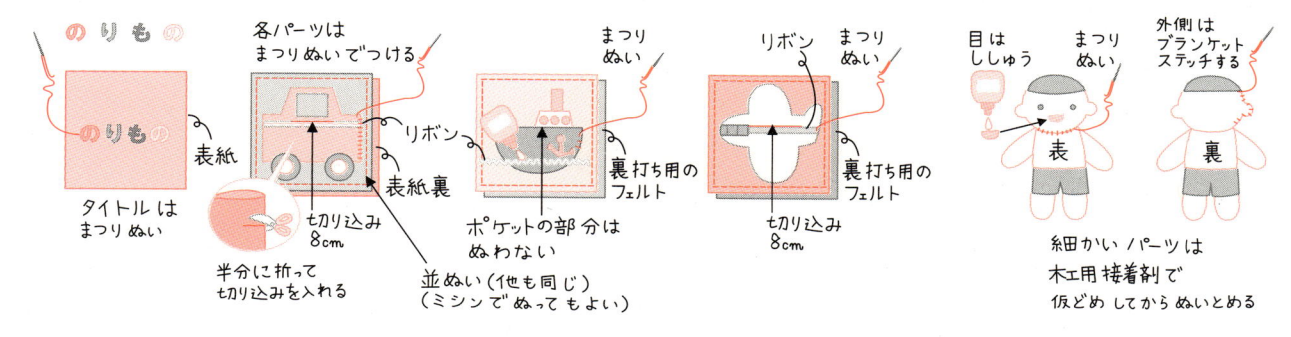

細かいパーツは木工用接着剤で仮どめ してからぬいとめる

おきがええほん

作品 ➡ **32**ページ
型紙 ➡ **69**ページ

1. 半分に切ったフェルトに、型紙通りに切った人形のパーツをぬいつける。
2. ①を、それぞれの表側のベースのフェルトにぬいつける。
3. 表紙にタイトル文字をぬいつける。
4. ②と裏打ち用のフェルト（表紙を含む）を、それぞれぬい合わせる（ミシンでぬってもよい）。
5. ④で作った3枚をつなぎ合わせる。

材料
- ●**女の子** フェルト（肌色）20cm×20cm、（こげ茶）7cm×14cm、（赤）少し、（白）7cm×12cm、（黄）10cm×11cm
- ●**赤いワンピース** フェルト（ベース表…オレンジ、ベース裏…水色）各20cm×20cm、（淡いピンク）10cm×20cm、（赤）10cm×7cm、（黄緑）2cm×5cm、（肌色）6cm×10cm、（黄）2cm×4cm、
- ●**青いオーバーオール** フェルト（ベース表…黄緑、ベース裏…紫）各20cm×20cm、（黄）10cm×20cm、（青）8cm×8cm、（オレンジ）4cm×9cm、（黄）少し、（肌色）5cm×5cm、（黄緑）2cm×4cm
- ●**ピンクのドレス** フェルト（ベース表…クリーム、ベース裏…黄緑）各20cm×20cm、（水色）10cm×20cm、（濃いピンク）9cm×9cm、（白）2cm×6cm、（肌色）5cm×5cm、（赤）2cm×4cm
- ●**ぼうし** フェルト（黄）10cm×11cm
- ●**タイトル文字** フェルト（黄）20cm×5cm または 市販の文字型フェルト

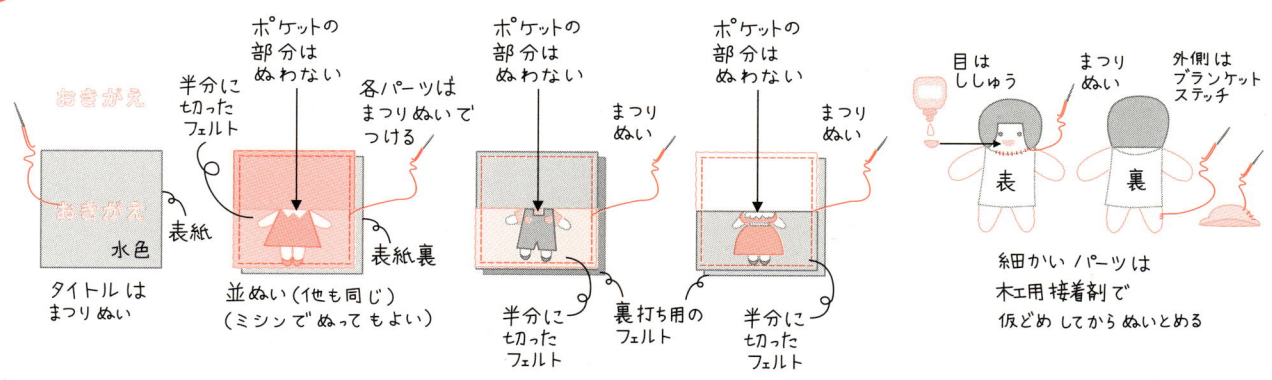

細かいパーツは木工用接着剤で仮どめ してからぬいとめる

59

なんのかお？えほん

作品 ➡ **34**ページ
型紙 ➡ **70**ページ

材料
- ●ベース表裏 フェルト（クリーム、薄いピンク）各20cm×20cm／ボタン（黒・直径2.5cm）2個
- ●<表面>白いウサギ フェルト（白）18cm×19cm、（ピンク）少し
 <裏面>ピンクのウサギ フェルト（ピンク）18cm×19cm、（黄）少し
- ●<表面>紫ネコ フェルト（紫）18cm×20cm、（クリーム）少し
 <裏面>ブチネコ フェルト（黄緑）18cm×20cm、（こげ茶）9cm×9cm、（赤）少し
- ●<表面>キツネ フェルト（黄土色）17cm×20cm、（赤）少し
 <裏面>リス フェルト（茶）17cm×20cm、（えんじ色）7cm×6cm
 （緑、白）少しずつ
- ●パンダ フェルト（耳…青）18cm×6cm、
- ●シロクマ フェルト（白）10cm×6cm

1 ベースのフェルトにボタンの目をぬいつけ、2枚重ねてぬい合わせる。

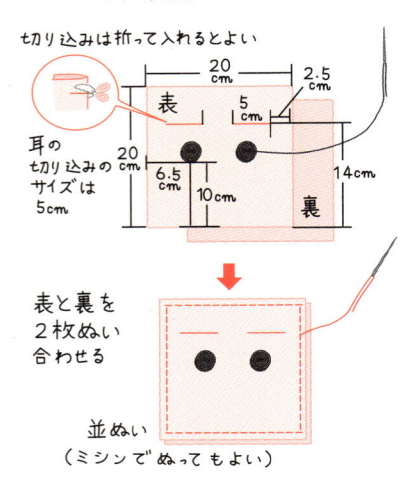

切り込みは折って入れるとよい
耳の切り込みのサイズは5cm
表と裏を2枚ぬい合わせる
並ぬい（ミシンでぬってもよい）

2 動物の顔、耳などを型紙通りに切り、それぞれ木工用接着剤でしっかりはり合わせる。顔の模様や鼻を木工用接着剤でしっかりはり、ひげをししゅうする。

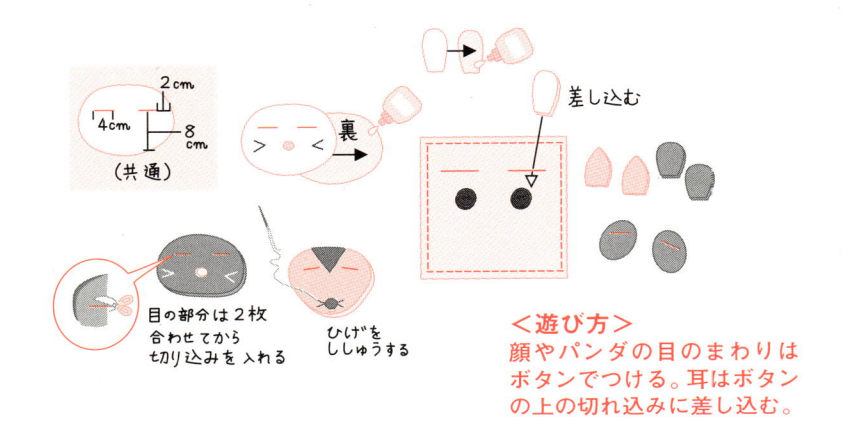

差し込む
目の部分は2枚合わせてから切り込みを入れる
ひげをししゅうする

<遊び方>
顔やパンダの目のまわりはボタンでつける。耳はボタンの上の切れ込みに差し込む。

ファスナーえほん

作品 ➡ **38**ページ
型紙 ➡ **70**ページ

材料
- ●小物入れ フェルト（ベース表…水色、ベース裏…薄いピンク）各20cm×20cm、（黄）15cm×15cm、（カエル…黄緑）6cm×7cm、（カエルの目…青）少し／ファスナー（白）15cm
- ●顔 フェルト（ベース表…オレンジ、ベース裏…青）各20cm×20cm、（肌色）17cm×18cm、（茶）17cm×5cm、（黒、クリーム）少しずつ／ファスナー（ピンク）15cm
- ●歯ブラシ フェルト（水色）12cm×2cm、（白）3cm×2cm

1 型紙通りにフェルトを切って、カエルの小物入れと男の子の顔を作り、ベースのフェルトにぬいつける。

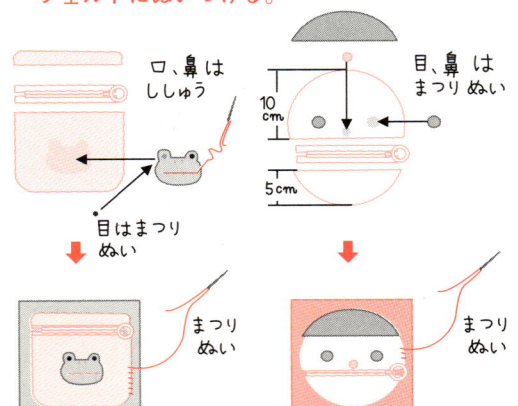

口、鼻はししゅう
目、鼻はまつりぬい
目はまつりぬい
まつりぬい

2 ①と裏打ち用のフェルトを、それぞれぬい合わせる（ミシンでぬってもよい）。

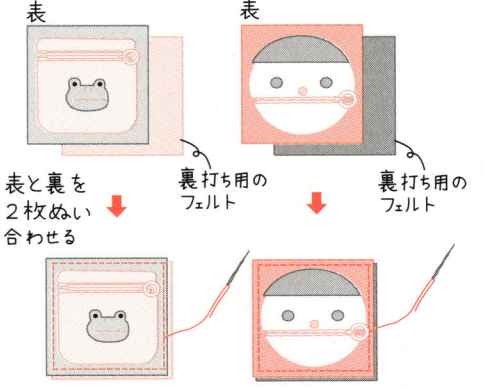

表と裏を2枚ぬい合わせる
裏打ち用のフェルト
並ぬい（他も同じ）（ミシンでぬってもよい）

3 ②で作った2枚をつなぎ合わせる。

各ページ3か所をしっかりかがりとめる

4 型紙通りにフェルトを切り、歯ブラシを作る（ボールは55ページ<おかね>と同じ）。

ブラシの部分をはさみ込んでまつりぬい
ブランケットステッチ

※3cm×3cm以下のものは、「少し」という表現をしています。※1個、1枚のものは数量表記をしていません。（2個、2枚以上は表記）

かくれんぼえほん

作品 ▷ **36**ページ
型紙 ▷ **71**ページ

材料
- ●**家** フェルト（ベース表…青緑、ベース裏…肌色）各20cm×20cm、（赤）17cm×8cm、（クリーム）17cm×9cm、（薄い茶）8cm×7cm、（こげ茶）少し
- ●**木** フェルト（ベース表…薄いピンク、ベース裏…クリーム）各20cm×20cm、（黄緑）18cm×18cm、（緑）18cm×10cm、（こげ茶）7cm×4cm、
- ●**窓** フェルト（ベース表…青緑、ベース裏…黄緑）各20cm×20cm、（薄いピンク、薄い紫）各9cm×7cm
- ●**箱** フェルト（ベース表…薄いピンク、ベース裏…紫）各20cm×20cm、（黄）17cm×15cm／リボン（ストライプ・0.8cm幅）50cm
- ●**クマ** フェルト（山吹色）7cm×10cm、（白、黒）少しずつ
- ●**ウサギ** フェルト（薄いピンク）7cm×10cm、（赤）少し
- ●**リス** フェルト（黄土色）7cm×14cm、（黒、赤、クリーム）少しずつ
- ●**ことり** フェルト（黄）5cm×10cm、（黒、オレンジ）少しずつ
- ●**タイトル文字** フェルト（赤）各15cm×10cm または 市販の文字型フェルト

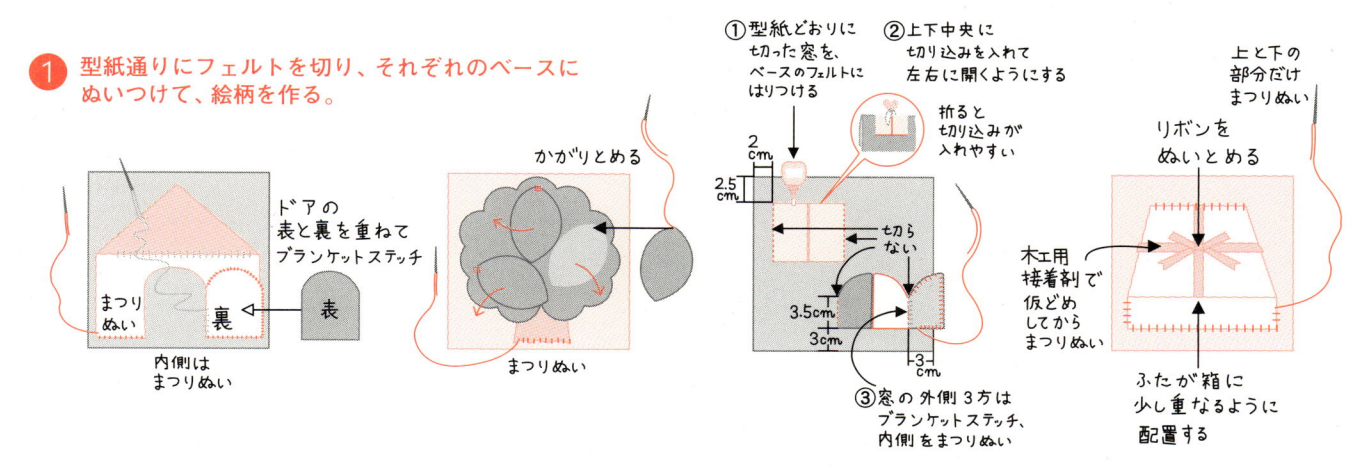

1 型紙通りにフェルトを切り、それぞれのベースにぬいつけて、絵柄を作る。

2 表紙にタイトル文字をぬいつける。

3 ①と裏打ち用のフェルト（表紙を含む）を、それぞれぬい合わせる（ミシンでぬってもよい）。

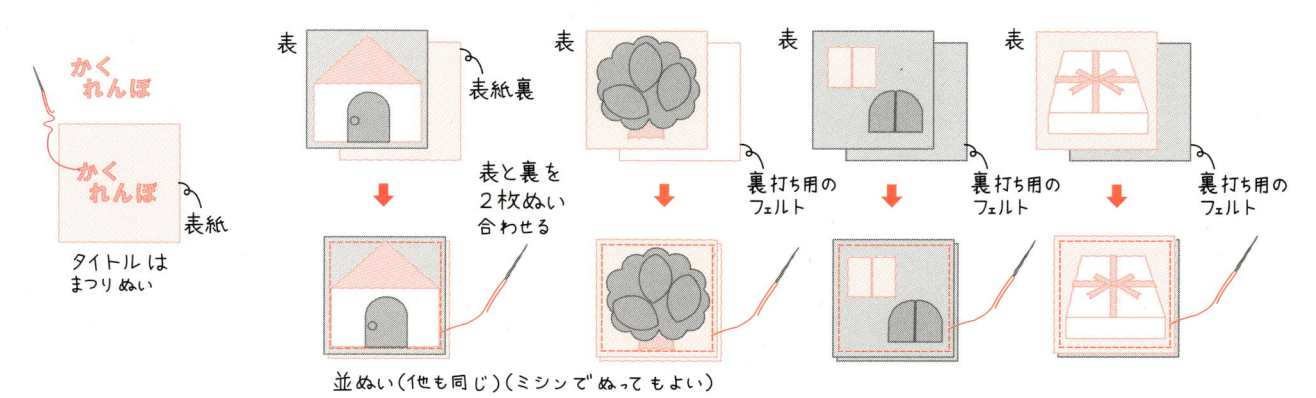

4 ③で作った4枚をつなぎ合わせる。

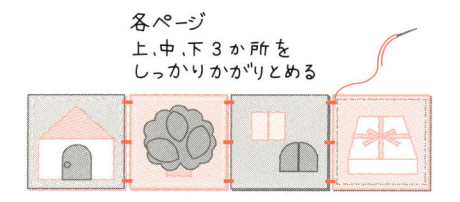

5 型紙通りにフェルトを切り、ウサギ、クマ、リス、ことりを作る。

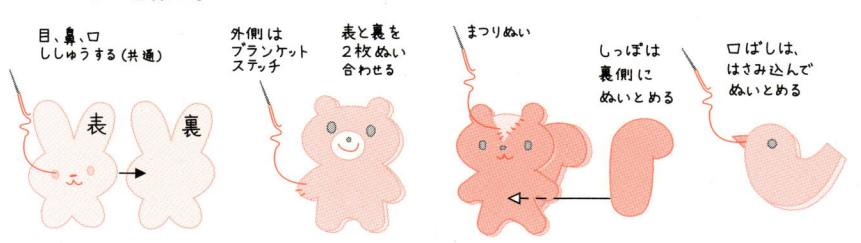

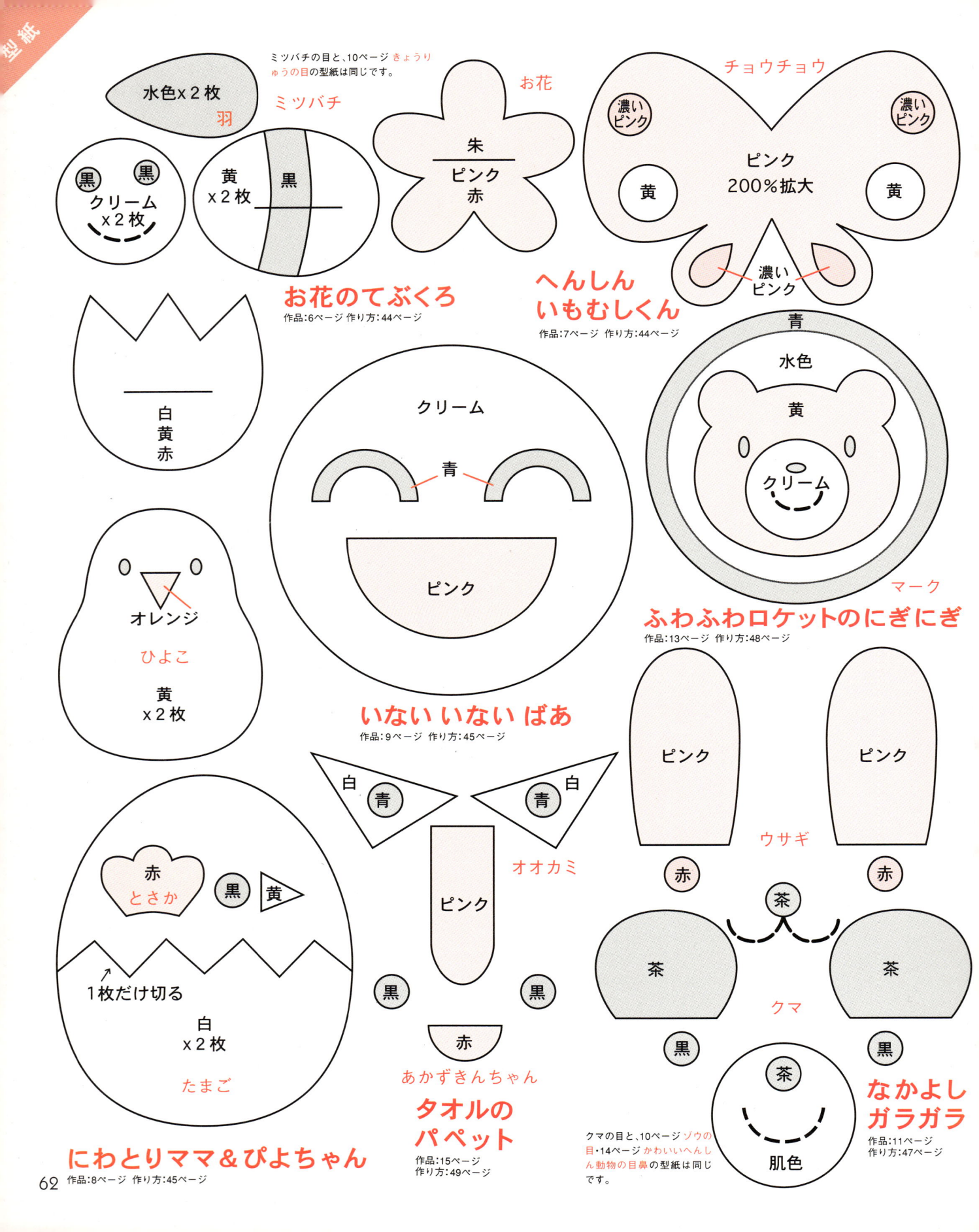

型紙

水色x2枚　羽
ミツバチ
ミツバチの目と、10ページ きょうりゅうの目の型紙は同じです。

黒　黒
クリーム x2枚
黄 x2枚　黒

お花
朱／ピンク／赤

チョウチョウ
濃いピンク　濃いピンク
ピンク 200%拡大
黄　黄
濃いピンク

お花のてぶくろ
作品:6ページ 作り方:44ページ

へんしん いもむしくん
作品:7ページ 作り方:44ページ

白／黄／赤

クリーム
青
ピンク

青
水色
黄
クリーム
マーク

オレンジ
ひよこ
黄 x2枚

ふわふわロケットのにぎにぎ
作品:13ページ 作り方:48ページ

いない いない ばあ
作品:9ページ 作り方:45ページ

白　青　青　白
オオカミ
ピンク
黒　黒
赤
あかずきんちゃん タオルのパペット
作品:15ページ 作り方:49ページ

ピンク　ピンク
ウサギ
赤　赤
茶
茶　茶
クマ
黒　黒
茶
肌色

赤 とさか
黒　黄
1枚だけ切る
白 x2枚
たまご

にわとりママ＆ぴよちゃん
作品:8ページ 作り方:45ページ

クマの目と、10ページ ゾウの目・14ページ かわいいへんしん動物の目鼻の型紙は同じです。

なかよしガラガラ
作品:11ページ 作り方:47ページ

62

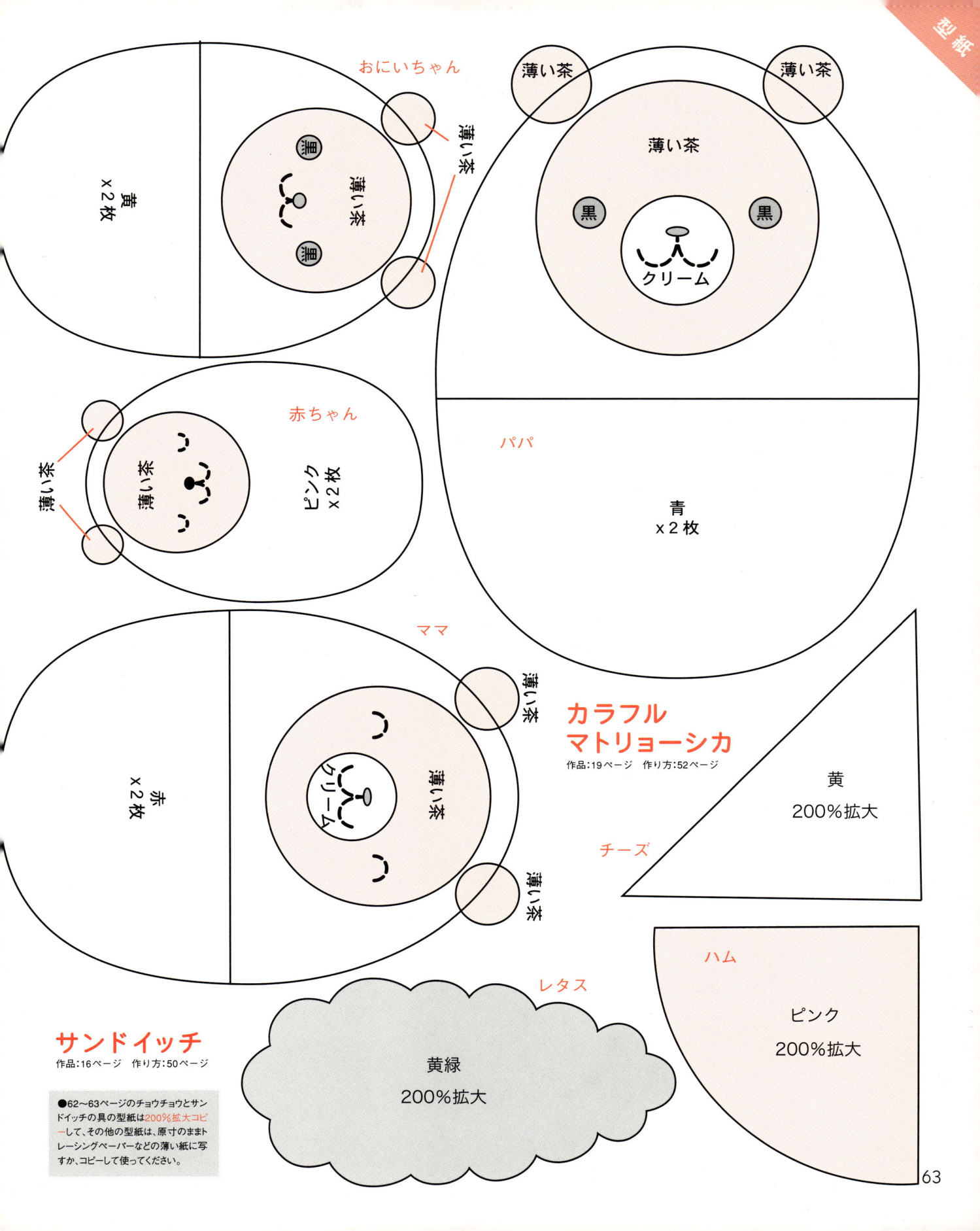

型紙

おにいちゃん
薄い茶
薄い茶
薄い茶
黒
黒
黒
薄い茶
クリーム
黄 x2枚
薄い茶
パパ
青 x2枚

赤ちゃん
薄い茶
薄い茶
ピンク x2枚

ママ
薄い茶
薄い茶
クリーム
赤 x2枚

カラフルマトリョーシカ
作品:19ページ　作り方:52ページ

チーズ
黄
200%拡大

ハム
ピンク
200%拡大

レタス
黄緑
200%拡大

サンドイッチ
作品:16ページ　作り方:50ページ

●62〜63ページのチョウチョウとサンドイッチの具の型紙は200%拡大コピーして、その他の型紙は、原寸のままトレーシングペーパーなどの薄い紙に写すか、コピーして使ってください。

63

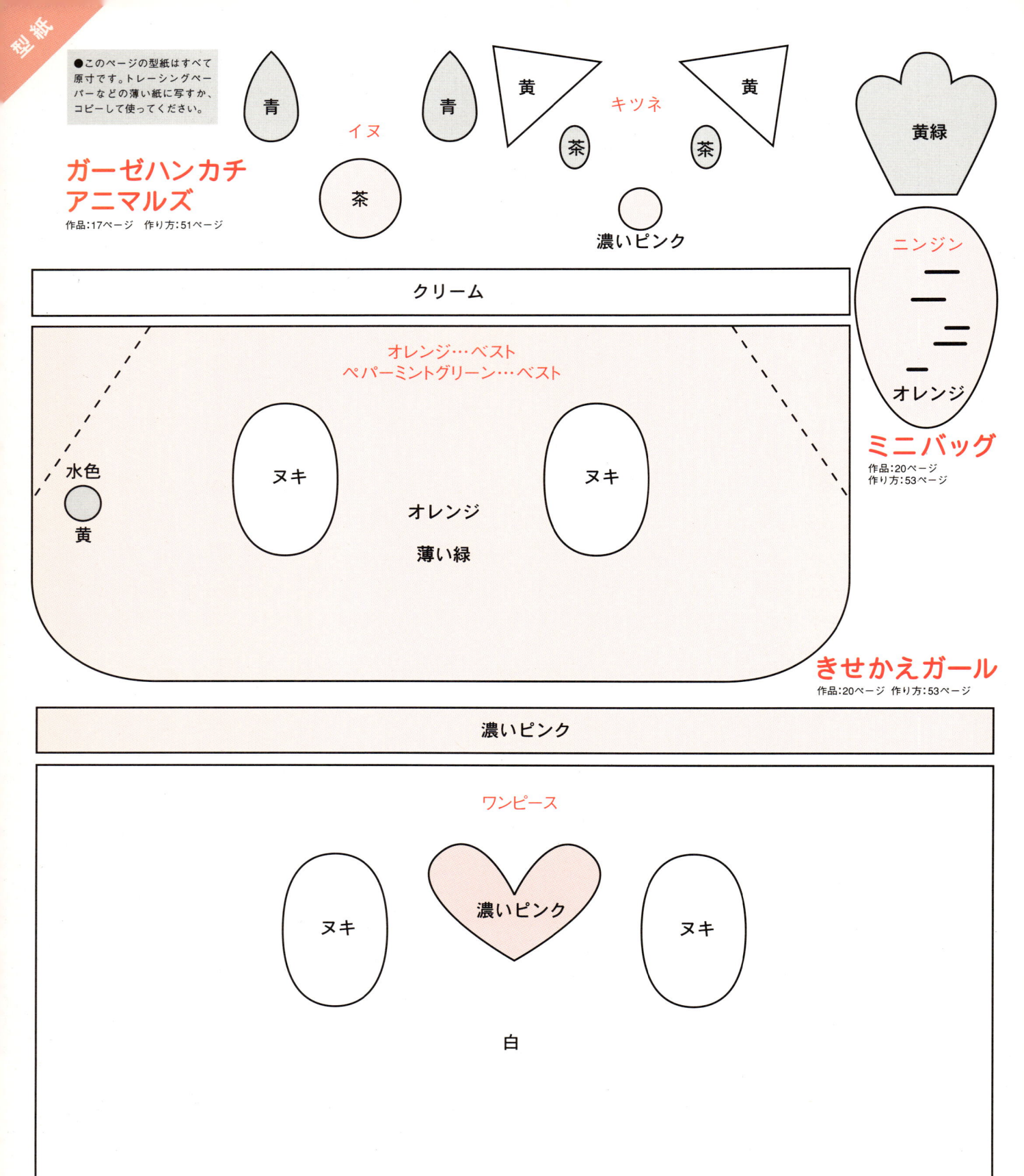

型紙

●このページの型紙はすべて原寸です。トレーシングペーパーなどの薄い紙に写すか、コピーして使ってください。

ガーゼハンカチ アニマルズ
作品：17ページ　作り方：51ページ

イヌ　青　青　黄　キツネ　黄
茶　茶
茶
濃いピンク

黄緑

クリーム

オレンジ…ベスト
ペパーミントグリーン…ベスト

水色
黄

ヌキ　ヌキ

オレンジ
薄い緑

ニンジン
オレンジ

ミニバッグ
作品：20ページ
作り方：53ページ

きせかえガール
作品：20ページ　作り方：53ページ

濃いピンク

ワンピース

ヌキ　濃いピンク　ヌキ

白

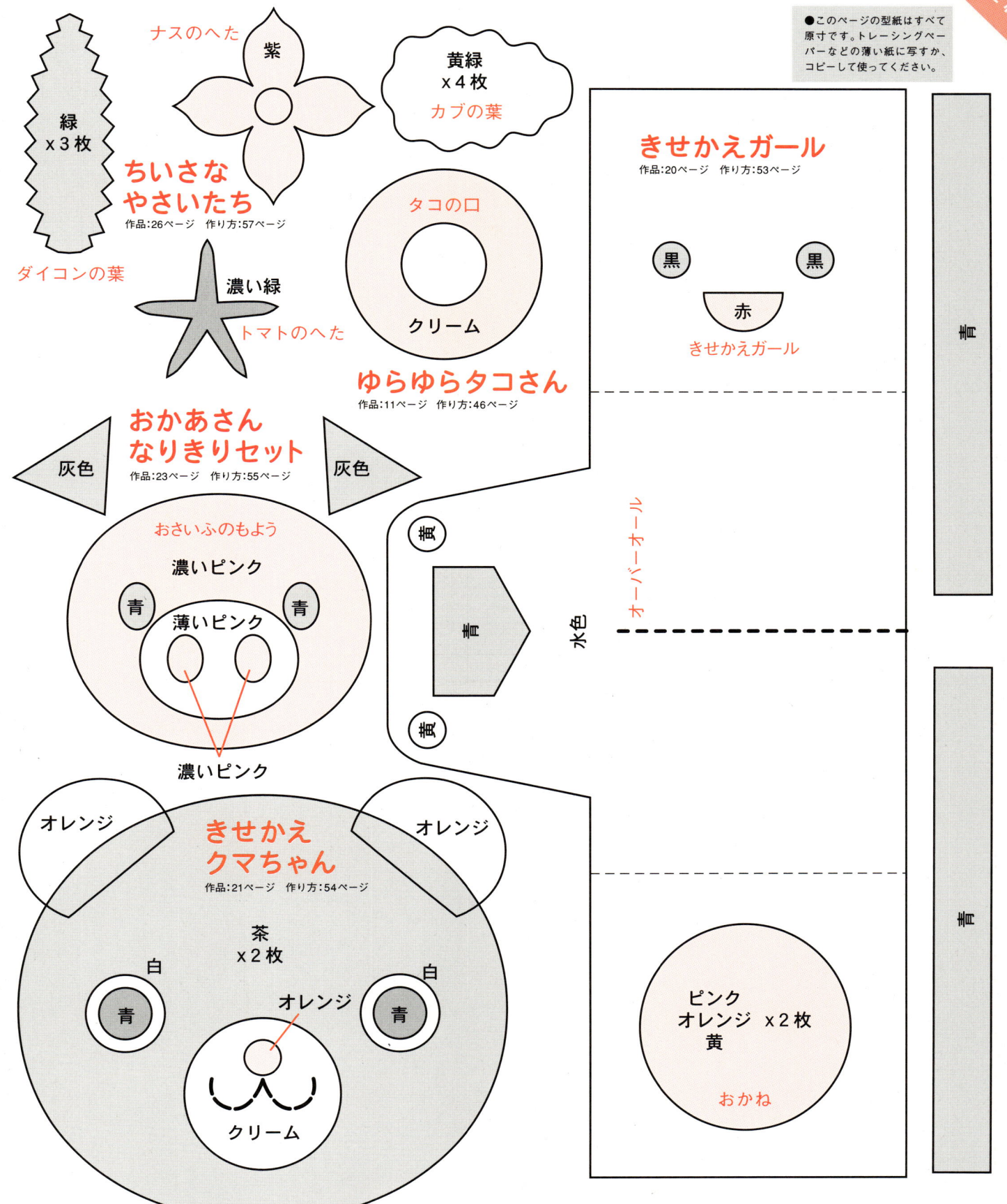

型紙

● このページの型紙はすべて原寸です。トレーシングペーパーなどの薄い紙に写すか、コピーして使ってください。

ちいさなやさいたち
作品：26ページ　作り方：57ページ

- 緑 x3枚 — ダイコンの葉
- 紫 — ナスのへた
- 黄緑 x4枚 — カブの葉
- 濃い緑 — トマトのへた

ゆらゆらタコさん
作品：11ページ　作り方：46ページ

- クリーム — タコの口

きせかえガール
作品：20ページ　作り方：53ページ

- 黒、黒、赤 — きせかえガール
- 青 — オーバーオール
- 水色
- 黄
- 青
- 黄
- ピンク、オレンジ x2枚、黄 — おかね

おかあさんなりきりセット
作品：23ページ　作り方：55ページ

- 灰色、灰色
- おさいふのもよう：濃いピンク、薄いピンク、青、青、濃いピンク

きせかえクマちゃん
作品：21ページ　作り方：54ページ

- オレンジ、オレンジ
- 茶 x2枚
- 白、白
- 青、青
- オレンジ
- クリーム

65

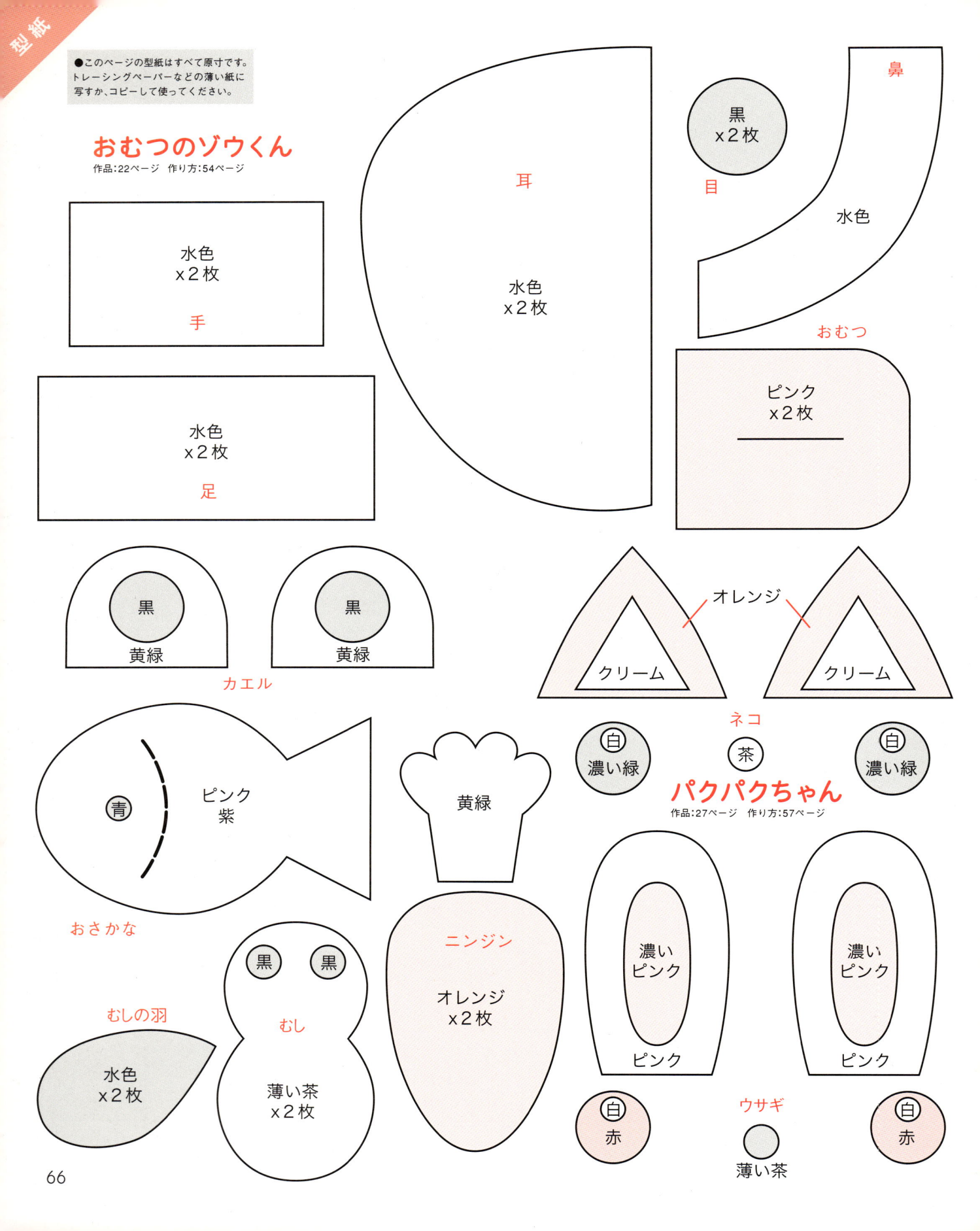

型紙

●このページの型紙はすべて原寸です。トレーシングペーパーなどの薄い紙に写すか、コピーして使ってください。

おむつのゾウくん
作品:22ページ　作り方:54ページ

- 手: 水色 x2枚
- 足: 水色 x2枚
- 耳: 水色 x2枚
- 目: 黒 x2枚
- 鼻: 水色
- おむつ: ピンク x2枚

カエル
- 黄緑 / 黒

おさかな
- ピンク紫 / 青

むしの羽
- 水色 x2枚

むし
- 薄い茶 x2枚 / 黒

ニンジン
- オレンジ x2枚
- 黄緑

ネコ
- クリーム / オレンジ
- 白 濃い緑 / 茶 / 白 濃い緑

パクパクちゃん
作品:27ページ　作り方:57ページ

- 濃いピンク / ピンク

ウサギ
- 白 赤 / 薄い茶 / 白 赤

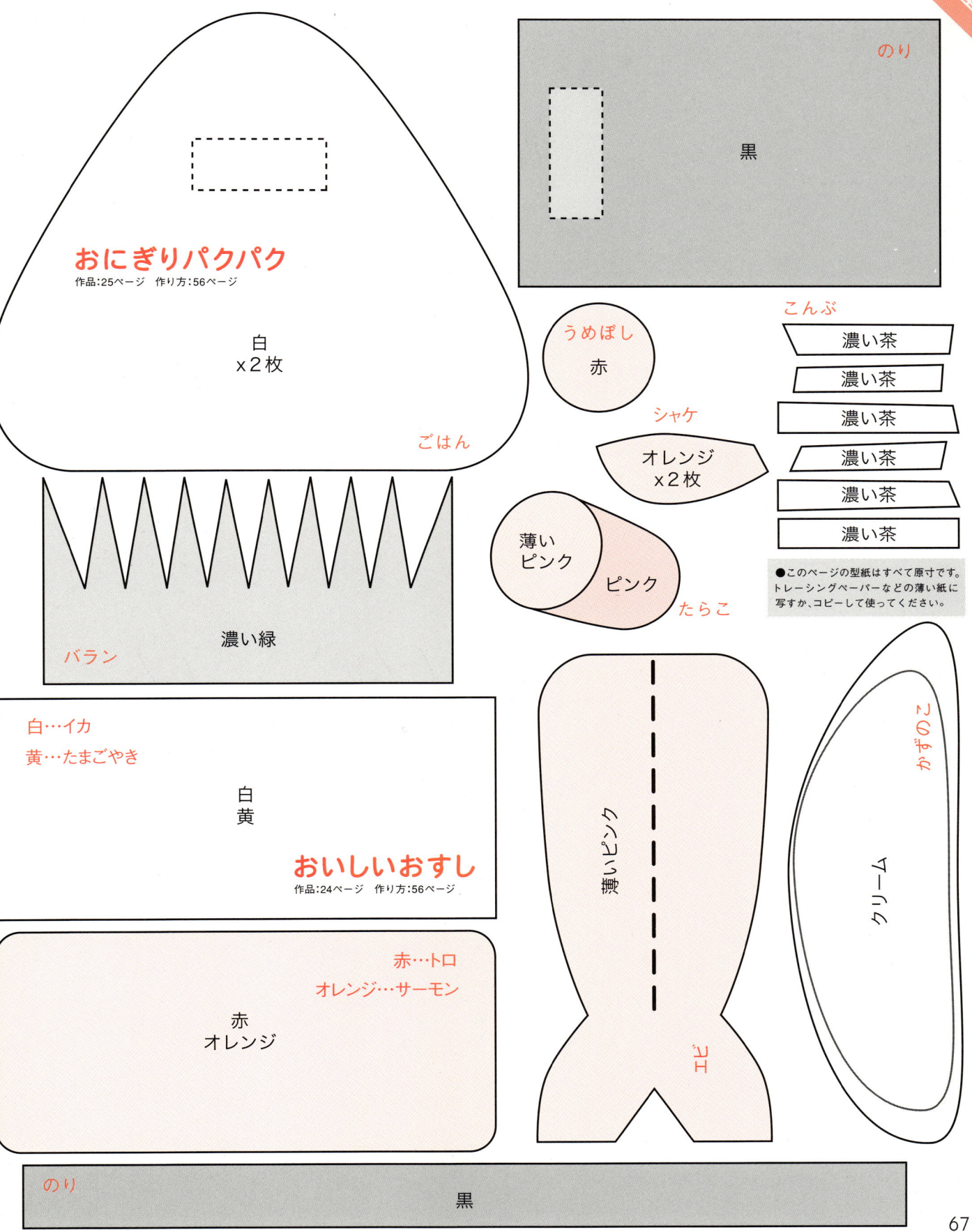

型紙

おにぎりパクパク
作品:25ページ　作り方:56ページ

白 x2枚

ごはん

のり

黒

うめぼし
赤

こんぶ

濃い茶
濃い茶
濃い茶
濃い茶
濃い茶
濃い茶

シャケ
オレンジ x2枚

薄いピンク　ピンク

たらこ

バラン
濃い緑

● このページの型紙はすべて原寸です。トレーシングペーパーなどの薄い紙に写すか、コピーして使ってください。

白…イカ
黄…たまごやき

白
黄

おいしいおすし
作品:24ページ　作り方:56ページ

赤…トロ
オレンジ…サーモン

赤
オレンジ

薄いピンク

エビ

かずのこ

クリーム

のり

黒

67

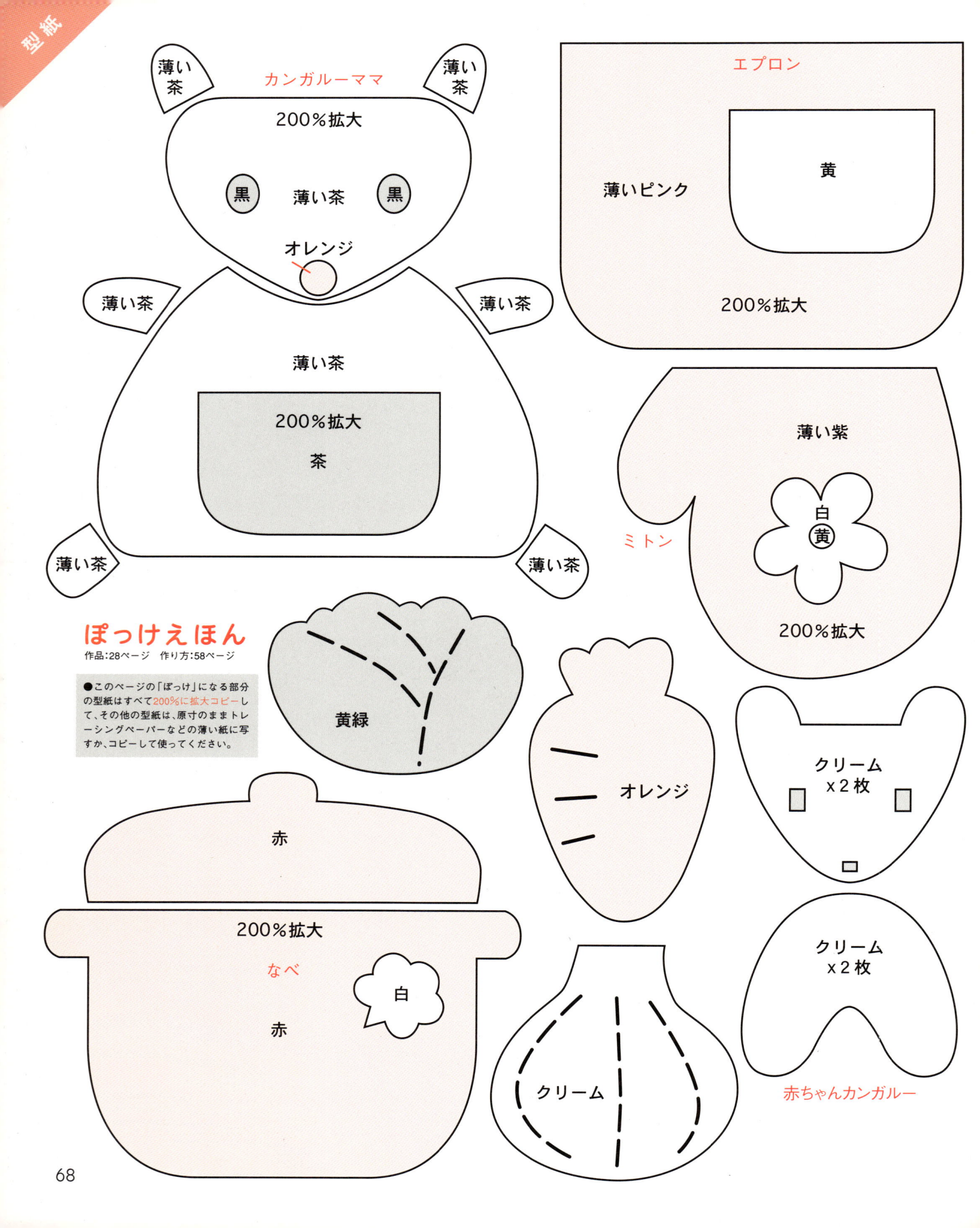

型紙

ぽっけえほん
作品:28ページ　作り方:58ページ

●このページの「ぽっけ」になる部分の型紙はすべて200％に拡大コピーして、その他の型紙は、原寸のままトレーシングペーパーなどの薄い紙に写すか、コピーして使ってください。

カンガルーママ 200％拡大
- 薄い茶
- 黒　薄い茶　黒
- オレンジ
- 薄い茶
- 茶（200％拡大）

エプロン 200％拡大
- 薄いピンク
- 黄

ミトン 200％拡大
- 薄い紫
- 白／黄

なべ 200％拡大
- 赤
- 白

黄緑

オレンジ

クリーム

クリーム x2枚

クリーム x2枚

赤ちゃんカンガルー

68

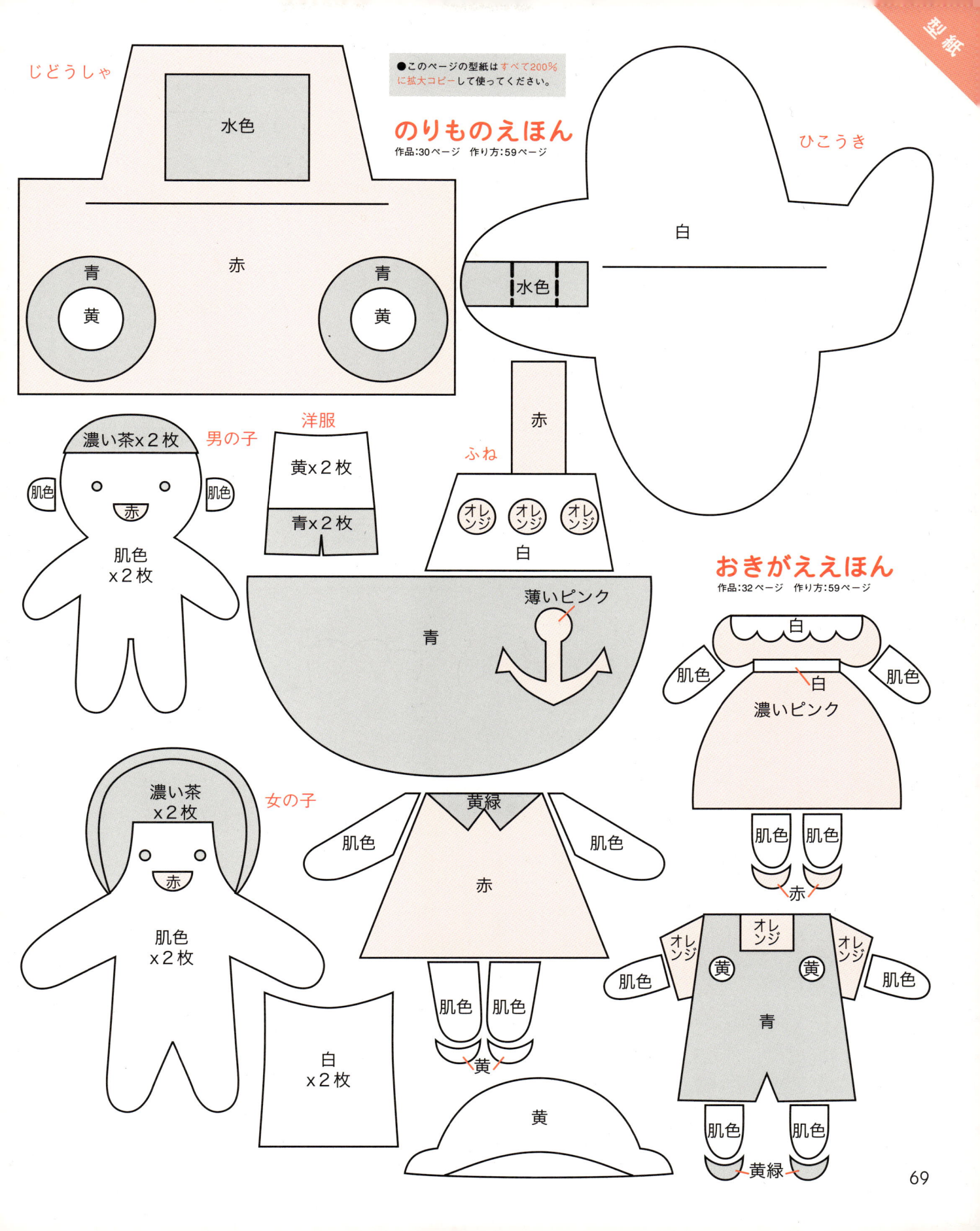

型紙

じどうしゃ

●このページの型紙はすべて200%に拡大コピーして使ってください。

のりものえほん
作品:30ページ　作り方:59ページ

水色

赤

青　青
黄　黄

ひこうき

白

水色

濃い茶x2枚　男の子

洋服

黄x2枚

青x2枚

ふね

赤

オレンジ　オレンジ　オレンジ

白

肌色　肌色
赤
肌色x2枚

薄いピンク

青

おきがええほん
作品:32ページ　作り方:59ページ

白

肌色　肌色
白
濃いピンク

肌色　肌色
赤

濃い茶x2枚　女の子

肌色　赤　肌色
肌色x2枚

黄緑

肌色　肌色
赤

肌色　肌色
黄

白x2枚

黄

オレンジ　オレンジ　オレンジ
肌色　黄　黄　肌色
青

肌色　肌色
黄緑

69

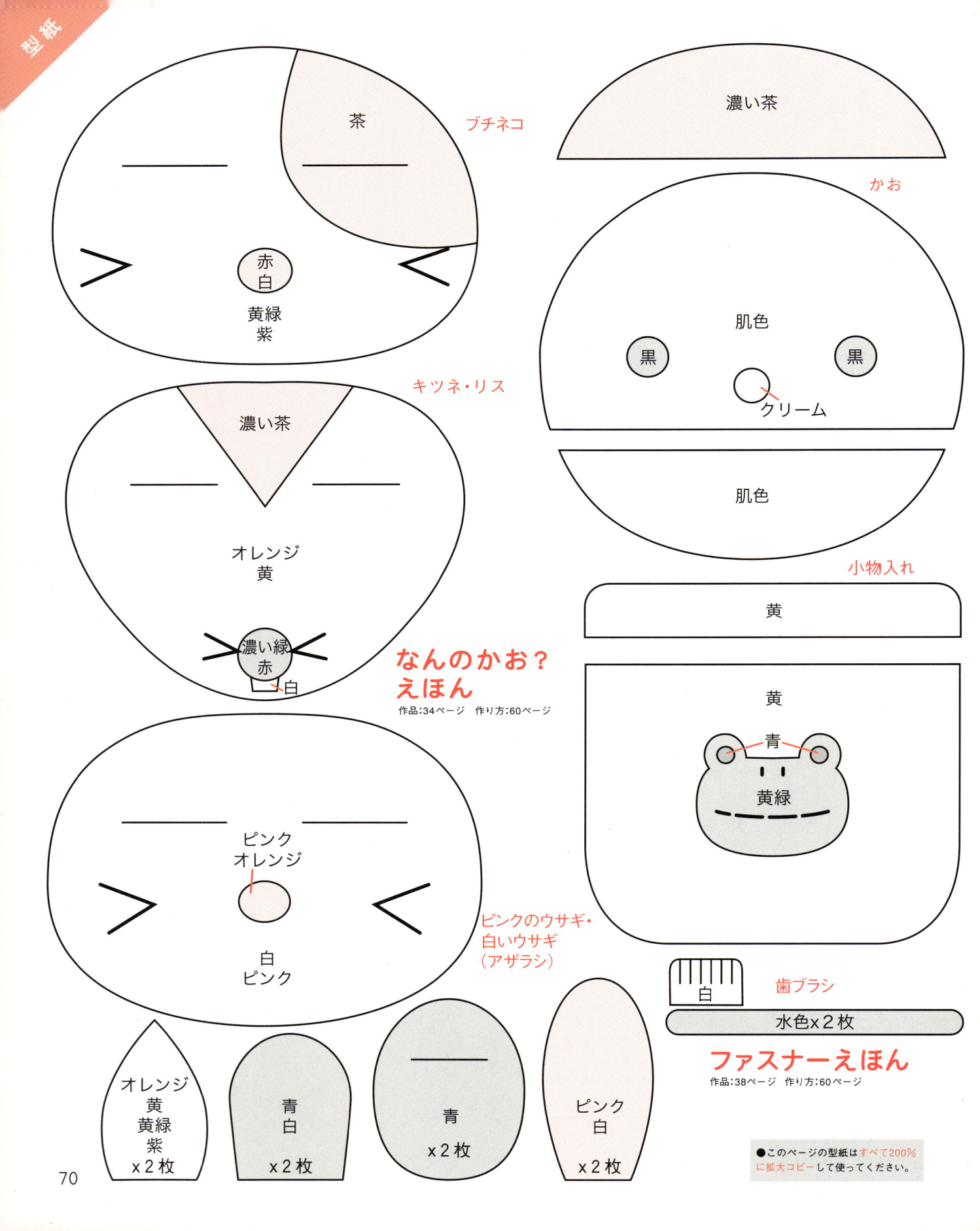

型紙

ブチネコ
- 茶
- 赤 / 白 / 黄緑 / 紫

キツネ・リス
- 濃い茶
- オレンジ / 黄
- 濃い緑 / 赤 / 白

なんのかお？えほん
作品:34ページ　作り方:60ページ

ピンクのウサギ・白いウサギ（アザラシ）
- ピンク / オレンジ
- 白 / ピンク

- オレンジ / 黄 / 黄緑 / 紫　x2枚
- 青 / 白　x2枚
- 青　x2枚
- ピンク / 白　x2枚

かお
- 濃い茶
- 肌色
- 黒　黒
- クリーム
- 肌色

小物入れ
- 黄
- 黄
- 青
- 黄緑

歯ブラシ
- 白
- 水色 x2枚

ファスナーえほん
作品:38ページ　作り方:60ページ

● このページの型紙は**すべて200%に拡大コピー**して使ってください。

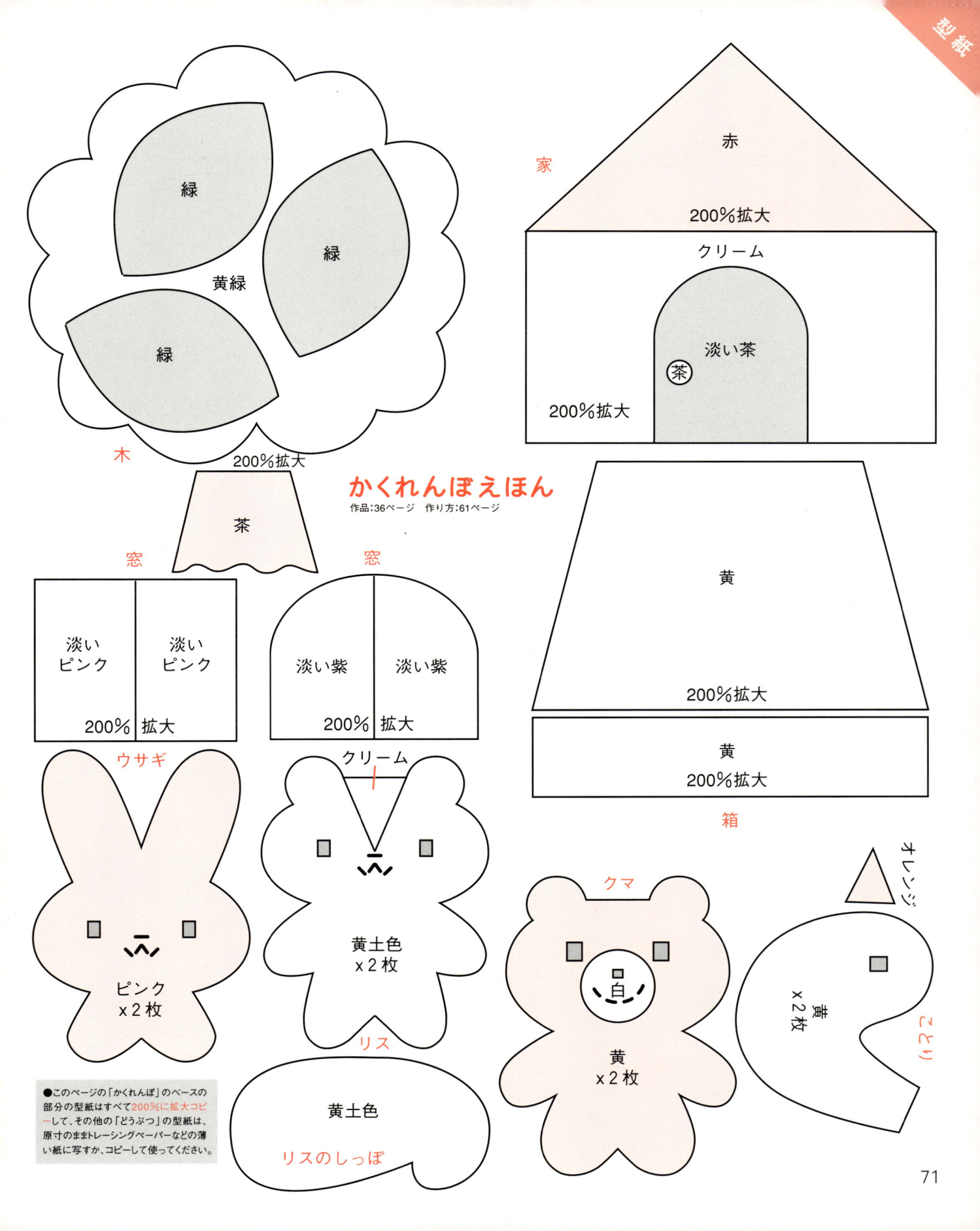

型紙

かくれんぼえほん
作品:36ページ　作り方:61ページ

木
- 黄緑
- 緑
- 緑
- 緑
- 茶
- 200%拡大

家
- 赤
- クリーム
- 淡い茶
- 茶
- 200%拡大

窓
- 淡いピンク
- 淡いピンク
- 200%拡大

窓
- 淡い紫
- 淡い紫
- 200%拡大

箱
- 黄
- 黄
- 200%拡大

ウサギ
- ピンク x2枚

リス
- 黄土色 x2枚
- 黄土色（リスのしっぽ）

クマ
- 白
- 黄 x2枚

にんじん
- オレンジ
- 黄 x2枚

●このページの「かくれんぼ」のベースの部分の型紙はすべて200%に拡大コピーして、その他の「どうぶつ」の型紙は、原寸のままトレーシングペーパーなどの薄い紙に写すか、コピーして使ってください。

いしかわ☆まりこ ＝著者

千葉県生まれ。専門学校のトーイデザイン科を卒業後、おもちゃメーカーにて4年間企画・デザインを担当。その後、映像制作会社で幼児向けビデオの制作を手伝いながらフリーに。子どもや女性向けの造形作品を保育雑誌や、NHK工作番組など多くの場で発表している。著書に『みんな大好き！お店やさんごっこ』『みんな大好き！お祭りあそび』（チャイルド本社）、『すぐできる！お店やさん小物グッズ 工作カタログ』（いかだ社）、『かんたん！愛情手作り布えほん・布おもちゃ』『かんたん！愛情手作り てぶくろえほん・てぶくろおもちゃ』『超かわいい！女の子の手作り自由工作』（主婦と生活社）などがある。

http://homepage.mac.com/mariko_2/

監修	[対象年齢] 鈴木みゆき（和洋女子大学 教授）
	[お手入れ・保管] 藤原千秋（住宅アドバイザー）
モデル	荒川結菜、梶山 彩、小林泰斗（ジョビィキッズ・プロダクション）
ブックデザイン	中嶋香織
撮影	安田仁志
作り方イラスト	アン・サクライ
イラスト	中嶋香織、ユカリンゴ
型紙トレース	もぐらぽけっと
編集協力	下平紀代子（Office Q.U.U）
編集担当	石山哲郎、井上淳子

かんたん！かわいい！ 0 1 2 歳児の
布おもちゃ＆
布えほん

2007年 8月　初版第1刷発行
2013年 2月　　　第6刷発行

著者／いしかわまりこ　©Mariko Ishikawa 2007
発行人／浅香俊二
発行所／株式会社チャイルド本社
〒112-8512　東京都文京区小石川5-24-21
電話／03-3813-2141（営業）03-3813-9445（編集）
振替／00100-4-38410
印刷所／共同印刷株式会社
製本所／一色製本株式会社
ISBN／978-4-8054-0098-2　C2037
NDC376　26×21cm　72P

本書の型紙以外の内容の一部あるいは全部を無断で複写複製することは、法律で定められた場合を除き、著作権者及び出版社の権利の侵害となりますので、その場合は予め小社あて許諾を求めてください。
乱丁・落丁本はお取り替えいたします。

チャイルド本社ホームページアドレス　http://www.childbook.co.jp/
チャイルドブックや保育図書の情報が盛りだくさん。どうぞご利用ください。